CF

CHAMP FREUDIEN

COLLECTION DIRIGÉE PAR
JACQUES-ALAIN ET JUDITH MILLER

LA SÉANCE
ANALYTIQUE

Dans la série des Rencontres

Comment finissent les analyses
*Textes réunis par l'Association Mondiale
de Psychanalyse*
Seuil, coll. « Champ Freudien », 1994

Les Pouvoirs de la parole
*Textes réunis par l'Association Mondiale
de Psychanalyse*
Seuil, coll. « Champ Freudien », 1996

Le Symptôme-charlatan
Textes réunis par la Fondation du Champ Freudien
Seuil, coll. « Champ Freudien », 1998

LA SÉANCE ANALYTIQUE

DES ENJEUX ÉTHIQUES DE LA CLINIQUE

*Textes réunis
par la Fondation du Champ Freudien*

ÉDITIONS DU SEUIL
27, rue Jacob, Paris VIe

ISBN 2-02-041689-1

© ÉDITIONS DU SEUIL, JUIN 2000

Le Code de la Propriété intellectuelle interdit les copies ou reproductions destinées à une utilisation collective. Toute représentation ou reproduction intégrale ou partielle faite par quelque procédé que ce soit, sans le consentement de l'auteur ou de ses ayants cause, est illicite et constitue une contrefaçon sanctionnée par les articles L. 335-2 et suivants du Code de la propriété intellectuelle.

Présentation

En invitant chacun de ceux qui participeront à sa XIe Rencontre internationale à Buenos Aires à expliciter un aspect de la séance analytique qui lui paraît essentiel, le Champ freudien témoigne d'une triple audace, dont ce volume porte la marque.

La première est sans doute hors de portée d'aucune autre communauté analytique dans le monde. Seule une communauté partageant une même orientation peut en toute confiance prendre le risque d'inviter des praticiens qui la composent à rendre compte publiquement de leur conception de la séance analytique. Ces praticiens ont bien sûr eux-mêmes fait une analyse, voire plusieurs, dont les effets et les modalités ne manquent pas d'entrer en ligne de compte dans cette élucidation. À travers (et grâce à?) ces histoires et ces langues différentes, l'unité d'orientation dans le Champ freudien donne lieu à un volume à plusieurs, homogène et consonant, dont le lecteur constatera qu'il n'est pas sans tensions d'un auteur à l'autre, ni sans lacunes, en raison du choix par chacun de l'arête par laquelle il aborde la question offerte à tous.

Ce livre aurait été inconcevable sans la cristallisation opérée par l'École Une dans le grand mouvement du Champ freudien en marche depuis vingt ans. L'École Une, «translinguistique et transculturelle», repose sur la multiplicité et la diversité de ses composantes, sa singularité décomplète la réunion des Écoles existantes et à venir du Champ freudien dans l'Association Mondiale de Psychanalyse, incite au débat, à l'échange et à l'invention.

Seconde audace : interroger la séance analytique signifie livrer les secrets d'une pratique pour qui croit qu'elle applique une recette. Ce volume démontre qu'il n'y a pas de modes d'emploi qui tiennent, que chaque séance répond à la logique propre de la cure dans laquelle elle s'inscrit, et relève de la politique qui anime chacune – transfert, interprétation, conclusion.

Aussi la question posée par la séance analytique relève-t-elle décidément de l'éthique de la psychanalyse. Personne, à s'inscrire dans l'orientation lacanienne, ne considère qu'il s'agit là d'une question technique. Chacun sait que l'excommunication de Jacques Lacan de l'Association internationale de psychanalyse (IPA) n'était pas due à un différend, comme aurait voulu le croire et le faire croire ladite, sur la technique psychanalytique, mais bien à une incompatibilité éthique : poursuivre ou pas dans la voie radicalement nouvelle ouverte par Freud, sans compromis ni concessions.

C'est en effet à lire Freud que Jacques Lacan constate et rend compte de la singularité de sa pratique dans chaque cas, qu'il s'agisse de ceux réunis dans les *Cinq Psychanalyses*, auxquels son enseignement ne cesse de revenir, ou de celui de la Jeune Homosexuelle, ou encore de la Belle Bouchère, ou du cas de Freud lui-même dans *La Science des rêves*, ou… je ne saurais donner ici une liste exhaustive des textes qui retiennent l'attention de Jacques Lacan. Le Livre I de son *Séminaire* n'est-il pas consacré aux *Écrits techniques* de Freud, où d'emblée il avertit ses auditeurs que ces écrits sont bien mal nommés et le leur démontre dans le menu détail par la lecture à laquelle il les conduit ?

De quoi est-il question ? Pas moins que de ce qui est visé par une séance analytique, de la place que le psychanalyste y tient, de la responsabilité de son acte, de l'enjeu d'une cure.

Une séance n'est pas un rituel, elle ne se définit pas par son cérémonial, chaque cas se présente dans sa nouveauté, il demeure unique ; toute cure, constituée d'une série de séances, implique une mutation subjective de l'analysant, vise à cerner un réel, hors sens, en filigrane, et vectorisant chacune de ces séances si l'analyste est là. Et bien là, c'est-à-dire en personne, sans autre recours que son désir pour permettre au sujet qui s'adresse à lui d'advenir, en situant ce qui cause son propre désir. L'éthique de la psychanalyse n'est pas frileuse, un analyste ne saurait s'effacer, ni se protéger ni se soulager du réel auquel la clinique le confronte derrière des normes de durée, de cadre, de *setting*. Être présent est tout autre chose qu'être installé.

Dès 1953, dans son rapport de Rome intitulé « Fonction et champ de la parole et du langage en psychanalyse », Jacques Lacan indiquait que le passé dans l'actualité de la parole produite dans chaque séance se voit mobilisé, rendu mobile, faute de quoi il ne saurait être constructible ni construit. Il s'agit là non d'un modelage arbitraire, mais déterminé dans l'association dite « libre », libérée de tout idéal, et notamment de ceux que fomentent les thérapeutes-Pygmalion pour leurs statues, condamnés à se bien conduire, à consentir à ne faire ni vagues ni embarras, en toute docilité à leur normalisation – à céder en somme sur leur désir.

Je dis là déjà la troisième audace : ce volume est critique, voire polémique. Chacun sait que la situation de la psychanalyse dans l'IPA n'a pas changé par rapport à ce qu'en décrivait Jacques Lacan en 1956 : l'œcuménisme théorique n'a plus qu'une seule limite « technique », à entendre au sens d'Alexandre Koyré, et ne fait que mieux avouer la méconnaissance dont il résulte, celle de la fonction et du champ de la parole et du langage en psychanalyse. L'utilisation même de l'enseignement de Jacques Lacan y est appelée à la rescousse ; même si encore mal tolérée, elle passe comme une lettre à la poste quand elle se réduit au stade du miroir, ou va jusqu'à reprendre le schéma optique proposé par Lacan en 1953.

PRÉSENTATION

Il ne s'agit pas en effet de prélever dans l'enseignement de Lacan les mets qui sont à la mesure d'un estomac rendu délicat par son atrophie, l'orientation lacanienne trouve son énergie et l'y consacre dans sa résolution à tout entendre de Lacan, ce qui lui convient et ce qui la fait buter, où elle trouve l'occasion de sa relance. L'ensemble des textes l'indiquent, où sont travaillées aussi bien une proposition apparemment de détail que les grandes scansions mises à jour par Jacques-Alain Miller. Les unes et les autres ont en effet une incidence dans la clinique, notamment quand Lacan se critique lui-même !

Certes, ce caractère critique et polémique n'aurait que peu de portée si l'orientation lacanienne s'en targuait pour se donner un satisfecit quant à la reconquête du Champ freudien qu'assure l'enseignement dont elle s'étaie. Il n'est audacieux que par le pari qu'il comporte : confronté à l'insupportable, l'autre nom du réel, tout clinicien, aussi désorienté soit-il, ne peut qu'être sensible à la place non gommée de la surprise et de ses conditions temporelles. Cette sensibilité n'a rien de pathologique, elle est tact, c'est-à-dire propre à la clinique, qui disparaît si elle se consacre à éviter de toucher le réel ou si elle renonce à différencier les structures (cf. les tentations d'appliquer à l'aveugle les recettes des *DSM* et consorts). Rares sont les cliniciens qui se ferment à l'insupportable, qui tôt ou tard les rattrape pour les mieux dépasser. Il ne reste à ceux-là que tristesse et lâcheté, sans enthousiasme possible. La critique et la polémique parient sur la possibilité pour les cliniciens de rendre ensemble compte de ce qu'ils partagent, à savoir l'expérience du réel, auquel ils sont, bon gré ou mal gré, confrontés.

C'est pourquoi il est si précieux pour chacun – en analyse ou pas – qu'aujourd'hui et demain soit soutenue l'éthique de la psychanalyse. Qu'il y ait des Écoles de psychanalyse, telles que Jacques Lacan les a définies, véritables refuges contre le malaise dans la civilisation dont, êtres parlants, nous sommes tous frappés.

PRÉSENTATION

Deux Analystes de l'École lestent d'un poids particulier ce recueil en lui donnant son point d'orgue. Chacun de ces deux témoignages sur la séance ultime d'une expérience analytique qui a conduit ces sujets à tenir à leur tour la place de l'analyste vérifie la nouveauté, surprenante toujours, du lien social qu'est le lien analytique.

Il me reste à remercier, au nom de tous, ceux sans qui ce volume n'aurait pas vu le jour, ni cette modeste anticipation de l'École Une, encore non déclarée quand il a été conçu, les auteurs et leurs traducteurs. De l'espagnol au français, Jean-Pierre Klotz, Philippe Lacadée, Armelle Le Naour-Guivarch, Jean-Jacques Richard, Délia Steinmann et Anne Szulzynger; de l'italien, Francesca Biagi-Chai; du portugais, Pierrette Dujon. Dans l'édition en langue espagnole, chez Paidos, la traduction a été assurée par Enric Berenguer (responsable du volume, aidé de Begoña Ansorena, Miren Casares, Victoria Fernández), Alicia Bukstein, Carmen Cuñat, Gustavo Freda, Marian Martin, Camilo Ramirez, Liliana Salazar-Redon, Marta Wintrebert; dans son homologue en portugais, aux éditions Zahar, par Angelina Harari (responsable du volume), Sara Pérola Fux, Vera Avellar Ribeiro, Lêda Guimarães, Iordan Gurgel, Rosa Guedes Lopes, Ana Lucia Lutterbach-Holck, Clara Huber Peed, Inês Autran Dourado Barbosa, Maria do Carmo Dias Batista, Elisa Alvarenga, Maria Luiza Rangel de Souza, Vera Motta, Maria Luiza Motta Miranda, Marcela Antelo, Analícea Calmon. Les contributions qui suivent ont en effet été écrites dans ces seules quatre langues parmi celles qui se parlent au pays du Champ freudien.

Judith Miller

I
Une question éthique

Anne Lysy-Stevens

La séance freudienne

Comment Freud concevait-il la séance analytique ? En essayant de répondre à cette question, je me suis bien vite aperçue que la réponse n'était pas donnée toute faite, bien sûr, mais surtout que la psychanalyse dans ses fondements y était impliquée : la cohésion entre la praxis et les concepts fondamentaux m'a particulièrement frappée. D'où la difficulté d'aborder ce sujet en un court texte. Il a donc fallu choisir un angle d'approche et limiter sévèrement les développements. J'ai écrit ces pages comme une introduction – qui sera pour beaucoup un rappel – aux éléments majeurs lisibles dans les textes de Freud sur la technique, peut-être comme s'il était encore possible de me mettre à la place de l'« interlocuteur impartial » qui interroge Freud sur ce qu'est cette pratique nouvelle, la psychanalyse.

Une rencontre inédite

Que se passe-t-il dans une séance analytique ? En quoi ce rendez-vous se distingue-t-il d'un autre ? Comment, par exemple, le différencier d'une consultation médicale ?
Plaçons-nous donc aux côtés de l'« interlocuteur impartial » auquel Freud s'adresse en 1926[1] pour « instruire ces gens sans parti pris »,

« encore ignorants de la psychanalyse », des « particularités d'un traitement analytique ». Il les avertit d'emblée qu'une simple observation de l'extérieur est impossible et ne pourrait d'ailleurs rien leur apprendre : « Nous regrettons de ne pouvoir les rendre témoins d'un de ces traitements. La "situation analytique" ne souffre pas de tiers. De plus, les différentes séances du traitement sont de valeur très inégale et un tel auditeur – non averti –, qui aurait accès à une quelconque séance, n'en retirerait le plus souvent aucune impression profitable ; il risquerait de ne pas comprendre ce qui se joue entre l'analyste et le patient ou bien il s'ennuierait[2]. »

Nous pouvons tout de même déduire de ces quelques lignes que le traitement suppose différentes séances, qu'elles se déroulent à huis clos, et que, si elles se suivent, elles ne se ressemblent pas forcément ; elles s'inscrivent dans une série. Loin de faire miroiter le secret de l'alcôve, où quelque chose « se joue entre l'analyste et le patient », Freud suggère même plutôt que le curieux risque fort de s'ennuyer !

Que font donc ensemble l'analyste et ces patients, qui généralement sont passés d'un médecin à l'autre pour être délivrés de toutes sortes de maux, sans succès ? « Il ne se passe entre eux rien d'autre que ceci : ils parlent ensemble. L'analyste n'utilise aucun instrument, pas même pour l'examen, il ne prescrit pas davantage de médicaments. Pour peu que ce soit possible, il laisse même le malade en traitement dans son milieu et sa situation. Ce n'est évidemment pas une condition absolue et même ce n'est pas toujours réalisable. L'analyste convoque le patient à une certaine heure de la journée, le laisse parler, l'entend, puis lui parle et le laisse écouter. » Voilà qui peut susciter l'incrédulité, voire le dédain : « Rien que cela ? Des mots, des mots et encore des mots », comme dit le prince Hamlet. Pourtant, ce procédé ne relève ni de la fanfaronnade ni de la magie, répond Freud. Il met en œuvre cet « instrument puissant » qu'est la parole *(das Wort)*, moyen d'action autant que d'expression dans nos rapports aux autres[3].

Le traitement commence donc par l'introduction du patient aux pouvoirs de la parole : « On l'invite à être totalement sincère avec son analyste, à ne rien retenir intentionnellement de ce qui lui vient à l'esprit et par la suite à passer outre à *toutes* les réticences qui voudraient exclure de la communication maintes pensées ou maints souvenirs. Chaque homme sait qu'il y a en lui des choses telles qu'il ne les communiquerait aux autres que très à contrecœur, ou dont il tient la communication pour tout à fait exclue. Ce sont ses "intimités".[1] » Cette intuition que « notre propre pensée doit être tenue secrète à notre propre soi *(Selbst)* » lui fait même toucher du doigt que ce « soi » n'est plus l'unité pour laquelle il la tient, qu'il y a autre chose, une « vie de l'âme » « pouvant s'opposer à ce soi ». « Si dès lors il [le patient] accepte l'exigence de l'analyse, qui est de tout dire, il accédera aisément à l'espoir qu'un commerce et un échange d'idées, partant de postulats si inhabituels, puissent également conduire à de singuliers effets [4]. »

Postulats inhabituels, effets singuliers : l'exigence de tout dire, que Freud appelle ailleurs la « règle fondamentale », n'équivaut pas simplement à user des pouvoirs de la parole, qui sont universels, et effectifs dans bien d'autres pratiques – par exemple la confession. La psychanalyse ne peut se saisir à partir de ces pratiques ou savoirs existants : « L'analyse est un procédé *sui generis*, quelque chose de nouveau et de spécifique, qui ne peut être saisi qu'à l'aide de vues neuves ou si l'on veut d'hypothèses neuves. » Ainsi, précise Freud, l'analyse n'est pas la confession, car « tout dire » implique aussi de « dire plus qu'il [le patient] ne sait » : « Dans la confession le pécheur dit ce qu'il sait, dans l'analyse le névrosé doit en dire plus. » Et, d'autre part, si l'analyste acquiert une influence personnelle sur le patient, il n'en use pas, comme dans la suggestion hypnotique, pour « réprimer les symptômes » ou pour « détourner et dissuader » le patient de quoi que ce soit [5]. Le transfert, tour à tour moteur et obstacle au traitement, est « notre arme dynamique la plus forte, elle est ce que nous introduisons de nouveau dans la situation et ce par quoi nous la débloquons ». Il est utilisé, précise Freud dans les termes de sa seconde topique, « comme force de pulsion pour permettre au moi du malade de surmonter ses résistances »[6]. Dans un texte de la même période, il souligne qu'il est « le meilleur instrument de la cure analytique », même si son maniement est difficile, car il est utilisé « pour inciter le malade à produire un travail psychique – à surmonter ses résistances transférentielles – qui entraîne une transformation durable de son économie psychique »[7].

Ainsi, « ce qui se joue entre l'analyste et le patient » dans une séance analytique repose sur une double hypothèse : celle d'un savoir insu et celle d'une « force de pulsion » à l'œuvre. Nous reconnaissons là ce que Freud présente comme les « piliers » de l'édifice de la psychanalyse, déduits de l'expérience même : l'hypothèse de l'inconscient et du refoulement, et « l'importance de la sexualité dans la détermination de la névrose »[8].

Les *Écrits techniques*

L'intrication des « hypothèses » et des « effets » pratiques, soulignée par Freud, rend immédiatement sensible que les questions de « technique » ne peuvent être isolées de ce qui les fonde et s'appréhender comme une sorte de code qu'il suffirait d'appliquer pour obtenir le résultat escompté. Lacan l'a maintes fois répété : l'action de l'analyste est déterminée par l'idée qu'il s'en fait et par le « point de conséquence où la doctrine est venue pour lui »[9].

Freud songeait depuis 1908 à écrire un livre sur la méthode psychanalytique, mais il y renonça et préféra rassembler plusieurs articles sur « divers aspects de la technique »[10], dont la plupart furent recueillis dans les *Kleine Neurosen Schrifte*. Ces articles s'échelonnent de 1904 à 1919 et sont publiés en traduction française sous le titre *La Technique psychanalytique*. En abordant les écrits techniques de Freud dans le Livre I de son *Séminaire*, Lacan conteste qu'ils « tiennent leur unité du fait que Freud y parle de la technique ». Leur unité tient plutôt à ce que « l'ensemble témoigne d'une étape dans la pensée de Freud », précise Lacan, une étape intermédiaire entre ce que Jones a appelé l'« expérience germinale » de Freud et sa théorie structurale, sa théorie des instances[11]. Du reste, « Freud n'a jamais cessé de parler de la technique », des *Études sur l'hystérie* à *L'Analyse terminable et interminable*, en passant par *L'Interprétation des rêves* et les *Cinq Psychanalyses*. Nous ne ferons donc pas de ce petit livre ce qu'il ne prétend pas être, un manuel qui dirait tout sur le sujet ou un *Do it yourself* du bricoleur-analyste. Freud lui-même, lorsqu'il s'adresse en 1912 et 1913 aux médecins et aux praticiens-analystes, présente les « règles techniques » qu'il expose plutôt comme des « conseils », qui peuvent leur « éviter bien des efforts inutiles ainsi que certaines omissions »[12], mais « sans en exiger la stricte observance[13] ».

À la lecture de ces textes, nous ne pouvons qu'être frappés, charmés même, par leur fraîcheur et leur tranchant. Aucune rigidité, aucun dogmatisme. Comme le souligne Lacan, « la formalisation des règles techniques est ainsi traitée dans ces écrits avec une liberté qui est à soi toute seule un enseignement qui pourrait suffire ». Cette aisance « nous fait voir combien il s'agissait là, pour Freud, d'un instrument, au sens où on dit qu'on a un marteau bien en main ». « Bien à ma main à moi », paraphrase Lacan[14], car Freud dit très explicitement : « Je n'hésite pas à ajouter que cette technique est la seule qui me convienne personnellement. Peut-être un autre médecin, d'un tempérament tout à fait différent du mien, peut-il être amené à adopter, à l'égard de malades et de la tâche à réaliser, une attitude différente. C'est ce que je n'oserais contester[15]. »

La règle fondamentale, une affaire de tempérament, de style?

UNE QUESTION ÉTHIQUE

Freud, il est vrai, laisse entendre de-ci de-là que « c'est pour des motifs purement subjectifs qu['il s'est] réellement consacré à une seule forme de traitement, celle que Breuer a appelée "cathartique" et qu'[il] préfère [...] qualifier d'analytique [16] ». Il évoque ailleurs que peut-être il doit l'idée de l'association libre à un livre de son enfance [17]. Cela n'en fait pas pour autant une technique fantaisiste. C'est bien plutôt sa grande rigueur qui nous frappe, la cohésion entre les règles énoncées, jusqu'aux petits détails pratiques parfois amusants, et les hypothèses fondamentales de la psychanalyse telles qu'il les formule au même moment. D'ailleurs, à peine a-t-il invoqué les « motifs purement subjectifs » qui lui font préférer sa méthode qu'il déclare : « La méthode analytique de psychothérapie est celle qui pénètre le plus profondément, qui a la plus grande portée, celle par qui les malades peuvent le mieux être transformés. [...] Elle est de toutes les méthodes la plus intéressante, la seule capable de nous renseigner sur l'origine des manifestations morbides et les rapports existant entre elles. Elle nous ouvre des perspectives sur le mécanisme des maladies psychiques et est seule en mesure de nous conduire au-delà de ses propres limites et de nous ouvrir la voie menant à d'autres actions thérapeutiques [18]. » Ou encore, à propos d'une règle précise, celle du divan – « le cérémonial imposé pendant les séances » –, il fait remarquer que beaucoup d'analystes ne la respectent pas, mais, dit-il, « j'ignore si c'est le simple désir de procéder autrement ou si ce sont les avantages qu'ils y trouvent qui est le mobile de cette modification » [19]. Lui, Freud, justifie toujours l'instauration ou la modification de règles. Même si certaines peuvent paraître « mesquines », « disons à leur décharge que ce sont là justement des règles de jeu dont l'importance découle de leur rapport avec le plan même de ce dernier » [20].

Cette logique interne ne se transmet pas comme un mode d'emploi : la complexité d'une partie d'échecs – à laquelle Freud compare une cure – ne peut s'approcher qu'« en étudiant assidûment la façon de jouer des maîtres en la matière ». La technique analytique ne s'apprend pas que dans les livres, elle non plus. Freud répète que ces règles lui ont été enseignées à ses propres dépens [21], par une longue pratique, et que, pour ceux qui veulent pratiquer l'analyse, « la technique ne s'acquiert qu'au prix de lourds sacrifices de temps, de peine et de mécomptes » [22]. Par ailleurs, elles ne peuvent jamais devenir un dogme ni un savoir applicable universellement – et c'est là la raison essentielle pour ne pas en imposer la « stricte observance » – : « L'extrême diversité des constellations psychiques, la plasticité de tous les processus de cet ordre, le nombre important de facteurs déterminants s'opposent à une mécanisation de la technique et font qu'un procédé ordinairement avantageux peut parfois rester inopérant alors qu'une méthode généralement défectueuse aboutit au résultat désiré [23]. » Cette politique du particulier justifie aussi l'importance du diagnostic et l'instauration d'entretiens préliminaires, de même qu'elle doit inciter les psychanalystes à élargir le champ d'application de leur technique et à adapter leur instrument à la diversité des symptômes qui leur sont adressés [24]. Néanmoins, cette non-universalité n'empêche pas d'« établir, à l'usage des médecins, une ligne de conduite généralement bien appropriée [25] ».

Venons-en maintenant à ces règles techniques spécifiques de la séance analytique et examinons leur « rapport avec le plan même » du traitement.

La règle fondamentale

Freud a formulé à diverses reprises, dans ses *Écrits techniques* et aussi ailleurs, ce qu'il appelle généralement la « règle fondamentale » *(Grundregel)* de l'analyse : c'est « la règle imposée à l'analysé de ne rien omettre de ce qui lui vient à l'esprit, en renonçant à toute critique et à tout choix[26] ». Dans son article de 1904, « La méthode psychanalytique de Freud », il explique comment sa méthode particulière, « à laquelle il a donné le nom de psychanalyse », est issue du procédé cathartique exposé avec Breuer dans les *Études sur l'hystérie* de 1895. Freud y a d'abord apporté des « modifications de la technique », mais celles-ci « donnèrent néanmoins des résultats nouveaux pour, en fin de compte, nécessairement aboutir à une conception modifiée, bien que non contradictoire, de la tâche thérapeutique ». Et Freud expose de manière très concrète comment il procède : « Sans chercher à les influencer d'autre manière, il les fait s'étendre commodément sur un divan, tandis que lui-même, soustrait à leur regard, s'assied derrière eux. Il ne leur demande pas de fermer les yeux, et évite de les toucher comme d'employer tout autre procédé capable de rappeler l'hypnose. Cette sorte de séance se passe à la manière d'un entretien entre deux personnes en état de veille dont l'une se voit épargner tout effort musculaire, toute impression sensorielle, capables de détourner son attention de sa propre activité psychique. » Freud abandonne l'hypnose parce que son application rencontre trop de difficultés chez les patients, mais surtout parce qu'elle masque les mécanismes ou les forces en jeu dans la formation des symptômes. L'accès qu'elle permettait aux souvenirs oubliés à l'origine des symptômes se trouve maintenant remplacé par le recours aux « associations du malade », c'est-à-dire les idées involontaires généralement considérées comme perturbantes et, de ce fait même, ordinairement chassées lorsqu'elles viennent troubler le cours voulu des pensées. Afin de pouvoir disposer de ces pensées, Freud invite les malades à se « laisser aller », comme dans une conversation à bâtons rompus. Avant de leur demander l'historique détaillé de leur cas, il les exhorte à dire tout ce qui leur traverse l'esprit, même s'ils le trouvent inutile, inadéquat, voire stupide. Mais il exige surtout qu'ils n'omettent pas de révéler une pensée, une idée, sous prétexte qu'ils la trouvent honteuse ou pénible. C'est en s'efforçant de grouper tout ce matériel d'idées négligées que Freud a pu faire les observations devenues les facteurs déterminants de tout l'ensemble de sa théorie [27]. L'opération analytique, définie ici comme un « art d'interpréter », consiste alors, selon une métaphore récurrente dans l'œuvre de Freud, à « extraire du minerai des idées fortuites le pur métal des pensées refoulées » [28].

L'accès à ce matériel précieux n'est pas direct. Freud a souligné explicitement que l'intérêt de l'association libre réside en ceci qu'elle n'est en fait pas libre du tout [29]. Quand le patient s'essaie à tout dire, sans critique, un tas de choses viennent se mettre en travers de sa parole : oublis, jugements, doutes – autant d'obstacles au discours [30] que Freud désigne comme *résistance*. Celle-ci est, pourrait-on dire, le signal du refoulement et est définie en relation avec lui. Prenons par exemple les phénomènes d'oubli qui émaillent le récit par le patient de son histoire : « Les amnésies résultent d'un processus qu'il [Freud] a appelé refoulement et dont il attribue la cause à des sentiments de déplaisir. Les forces psychiques qui ont amené le refoulement sont, d'après lui, perceptibles dans la résistance qui s'oppose à la réapparition du souvenir [31]. » La visée de la cure, à laquelle répond le dispositif freudien, est tout au long de ces textes formulée de la même manière : il s'agit de « ramener jusqu'au conscient du malade les éléments psychiques refoulés [32] ». Mais, ajoute Freud, cela ne se peut qu'en découvrant d'abord les résistances qui s'y opposent – les découvrir, les communiquer au patient, les combattre, les vaincre : les termes varient d'un texte à l'autre. Toujours est-il que « rendre l'inconscient accessible au conscient » ne se résume pas à laisser parler le patient et à lui parler (cf. « le laisse parler... puis lui parle... ») en pensant dissiper son ignorance et par là obtenir sa guérison. Le dialogue de la séance est inédit, il a une logique propre, qui n'est pas celle de la conversation courante ni celle de la consultation médicale. Jusqu'ici il est clair que cette

UNE QUESTION ÉTHIQUE

différence tient au type de savoir en jeu. Mais elle est due aussi à l'instauration d'un partenaire inédit, le psychanalyste.

Au début de « Conseils aux médecins… », Freud écrit que toutes les règles « peuvent se ramener à une seule » – la suite du texte révèle que cette règle est en fait double, que la règle fondamentale imposée au patient s'assortit d'une « règle imposée au médecin »[33] : à l'association libre répond l'attention flottante (*gleichschwebende Aufmerksamkeit*), que Lacan propose de traduire plutôt « écoute d'égal niveau[34] ». Tout comme l'analysant parle sans faire intervenir un jugement critique, un choix, et sans rien omettre, l'analyste doit écouter sans fixer son attention, c'est-à-dire sans choisir parmi les matériaux fournis. Car, explique Freud, graver dans sa mémoire tel point qui le frappe, en éliminer tel autre, c'est faire un choix dicté par des expectatives. « C'est justement ce qu'il faut éviter ; en conformant son choix à son expectative, l'on court le risque de ne trouver que ce que l'on savait d'avance. En obéissant à ses propres inclinations, le praticien falsifie ce qui lui est offert[35]. » Il s'agit donc de suspendre tout jugement et tout savoir préalable. Pour Freud, « la psychanalyse est une pratique subordonnée par destination au plus particulier », souligne Lacan, ce qui implique même « que la science analytique doit être remise en question dans l'analyse de chaque cas », comme Freud l'indique dans « L'Homme aux loups »[36].

La règle fondamentale ainsi dédoublée privilégie la dimension de la surprise : « Les meilleurs résultats thérapeutiques […] s'obtiennent lorsque l'analyste procède sans s'être préalablement tracé de plan, se laisse surprendre par tout fait inattendu, conserve une attitude détachée et évite toute idée préconçue[37]. » Toute une série de règles énoncées par Freud en découle : l'analyste ne doit pas prendre de notes pendant les séances ni élaborer une communication scientifique sur un cas en cours de traitement. Il ne demandera pas à l'analysant de noter ses rêves[38] et lui déconseillera de préparer intentionnellement la séance[39], d'« appliquer sa pensée à un sujet » ou de

« concentrer sa volonté », et même de lire des ouvrages de psychanalyse s'il s'agit de patients qui se réfugient dans l'intellectuel et se complaisent à commenter « longuement, et souvent avec beaucoup de sagesse, leur état, évitant ainsi tout effort pour guérir »[40]. Enfin, pour être « en mesure d'interpréter tout ce qu'il entend afin d'y découvrir tout ce que l'inconscient dissimule », sans que sa propre « censure » y fasse écran, l'analyste doit « s'être soumis à une purification psychanalytique, avoir pris connaissance de ceux de ses propres complexes qui risqueraient de gêner sa compréhension des propos de l'analysé ». L'analyse didactique doit permettre à l'analyste de « se servir de son propre inconscient comme d'un instrument » et, selon l'image bien connue, d'être par rapport à l'inconscient du patient « comme le récepteur téléphonique à l'égard du volet d'appel ». Il doit pouvoir mettre « sa propre individualité » hors jeu et « demeurer impénétrable et, à la manière d'un miroir, ne faire que refléter ce qu'on lui montre »[41]. On a pu en déduire que l'analyste devait être ce personnage silencieux, apathique et mortellement indifférent que les caricatures dénoncent. Nous verrons pourtant que ladite « abstinence », comme l'explique Serge Cottet, n'est « en aucun cas l'abstinence du désir »[42].

Autant Freud peut laisser entendre que les règles techniques sont à prendre au cas par cas, autant il s'avère intransigeant quant à l'observance de la règle fondamentale : « Lorsqu'on fait une seule concession, tout le travail est voué à l'échec », remarque-t-il. Si le patient hésite à parler de tierces personnes ou demande à l'analyste de quoi il doit parler, pas question de céder. On ne ferait qu'aider à « protéger la névrose », or « la névrose et les résistances, elles, ne ménagent rien ». Notons aussi qu'il estime indispensable de « faire connaître cette règle à l'analysé » dès le début. Elle ne peut rester tacite. C'est donc bien la seule chose sur laquelle il ne lui laissera pas le choix[43].

Se laisser aller à parler n'est qu'apparemment confortable, mais la règle fondamentale est l'instrument qui, tout au long de la cure et jusqu'à son terme, permettra de venir à bout de ce qui justement la met en échec. Dans son article de 1914, « Remémoration, répétition et perlaboration », Freud annonce « une autre partie de [sa] technique psychanalytique », qu'il appelle « perlaboration » *(Durcharbeiten)* et qui est en somme le nom qu'il donne au traitement de la résistance. Il ne suffit pas de la nommer pour qu'elle disparaisse, « il faut laisser au malade le temps de bien connaître cette résistance qu'il ignorait, de la perlaborer, de la vaincre et de poursuivre, malgré elle et *en obéissant à la règle analytique fondamentale*, le travail commencé ». Ce n'est qu'ainsi que les « motions pulsionnelles refoulées qui alimentent la résistance » peuvent être découvertes. C'est là une « tâche ardue » et une « épreuve de patience » ; « le médecin n'a [...] qu'à attendre, à laisser les choses suivre leur cours, car il ne saurait ni les éviter, ni en hâter l'apparition »[44]. Il faut donc le temps, et la confiance en la règle fondamentale[45].

Actualité et présence

C'est le moment d'interroger Freud sur la séance analytique dans son rapport au temps. Dans ses *Écrits techniques*, il souligne à diverses reprises que « la psychanalyse exige toujours beaucoup de temps » et que la durée de la cure, si elle ne peut être déterminée à l'avance, ne peut être réduite car « il existe nécessairement une proportion entre le temps, le travail et le résultat »[46]. Ce sont des thèses qu'il ne démentira jamais ; qu'il nous suffise de renvoyer ici à « L'analyse avec fin et l'analyse sans fin » de 1937. En 1904, il évoque une durée de six mois à trois ans[47], mais, comme le note Paul Roazen, les chiffres varient[48]. Contentons-nous de remarquer que ceux-ci ne vont pas souvent au-delà de cinq ou six ans, mais que

Freud, lui, présente (en 1913) comme une difficulté nouvelle de l'expérience d'avoir à « s'efforcer anxieusement » d'obliger ses patients à cesser le traitement[49]. De la durée de la séance, par contre, il ne dit presque rien, mais il met l'accent sur la fréquence.

L'exigence de temps est associée à celle de l'argent. En 1904, il souligne combien le traitement analytique « coûte un sacrifice de temps et d'argent[50] » et, en 1913, il présente simultanément « deux questions importantes » qui se présentent en début de cure, « celle du temps et celle de l'argent » ; « En ce qui regarde le temps, j'estime qu'il convient absolument de fixer une heure déterminée. Chacun de mes malades se voit attribuer une heure disponible de ma journée de travail ; cette heure lui appartient et est portée à son compte même s'il n'en fait pas l'usage. » Quant à la fréquence, elle est élevée et doit le rester : « Une séance quotidienne, les dimanches et jours de fêtes légales exceptés, c'est-à-dire environ six séances par semaine. » En effet, « les interruptions même de courte durée troublent toujours un peu le travail ; nous avions accoutumé de parler en plaisantant de la "carapace du lundi", en reprenant le travail après l'interruption du dimanche ». Freud laisse certes la place à des variantes, que ce soit pour la durée de la séance – plus d'une heure pour certains « qui n'arrivent à se livrer [...] qu'une fois la plus grande partie de la séance écoulée » : Lacan retiendra la valeur de « résistance » de ce type de phénomène – ou pour la fréquence, « pour des cas légers ou pour ceux dont le traitement est déjà très avancé, trois heures par semaine suffisent »[51]. Mais un même principe régit l'exigence de la fréquence – il est formulé dans plusieurs articles, parfois aussi à propos d'autres points techniques –, c'est la nécessité de préserver l'actualité : « Lorsque les séances sont trop espacées, l'on court le risque de ne pas marcher du même pas que les incidents réels de la vie du patient et de voir l'analyse perdre son contact avec la réalité et s'engager dans des voies latérales[52]. » Freud aborde très concrètement la question dans son texte sur

UNE QUESTION ÉTHIQUE

« Le maniement de l'interprétation des rêves en psychanalyse » ; faut-il consacrer plus d'une séance à l'analyse d'un rêve et, si oui, que se passe-t-il si la production onirique s'accroît ? Il répond par la négative, en insistant sur la valeur de « résistance » d'une telle « richesse en matériaux », et ajoute : « La cure est, dans l'intervalle, demeurée quelque peu en deçà du temps présent et a perdu tout contact avec l'actualité. À cette technique doit s'opposer une règle, suivant laquelle il importe au plus haut degré, dans le traitement, que l'analyste sache à tout moment ce qui occupe la surface psychique du malade, quels complexes, quelles résistances celui-ci présente et quelle réaction consciente contraire va régler son comportement[53]. » Ce principe est généralisé dans sa définition de la technique analytique en 1914 : c'est une « technique selon laquelle on renonce à déterminer un facteur ou un problème particulier et où l'on se contente d'*étudier l'actuelle surface psychique* du patient [...][54] ».

Cette insistance sur l'actualité, qui est une facette de la règle fondamentale[55], va de pair avec l'exigence de la présence, en chair et en os, des protagonistes. Le paiement des séances manquées se justifie par la nécessité de ne pas laisser interrompre intempestivement le travail et met du même coup en lumière la fréquence des « maladies scolaires » et l'inexistence des hasards... Sur le paiement des honoraires, Freud est tranchant et sans fausse honte. De ses remarques, nous retiendrons ici qu'il déconseille le traitement gratuit parce que « l'absence de l'influence corrective du paiement présente de graves désavantages ; l'ensemble des relations échappe au monde réel ; privé d'un bon motif, le patient n'a plus la même volonté de terminer le traitement ». Les exemples qu'il rapporte témoignent d'un lien transférentiel insoluble et évoquent la butée sur le roc de la castration dont il fera état des années plus tard à propos de la fin de l'analyse[56].

Nous touchons là à l'autre raison pour laquelle « toute action psychanalytique présuppose [...] un contact prolongé avec le malade[57] ». C'est que « nul ne peut être tué *in absentia* ou *in effigie* » ; ou encore qu'« Il est impossible de terrasser un ennemi absent ou hors de portée »[58]. Freud utilise ces expressions à propos du transfert, dont il fait volontiers dans ces articles une « arène[59] » ou un terrain de « lutte » entre analyste et patient[60]. Le transfert, sorte de « maladie artificielle » et pourtant « tranche de vie réelle »[61], amour né de l'artifice même de la situation analytique et pourtant « amour véritable »[62], est le levier de la cure analytique. C'est, dit Lacan, le principe de son pouvoir, mais à condition de ne pas en user[63].

L'abstinence

La réponse de l'analyste au transfert provoqué par la situation, indépendamment de sa personne[64], est elle aussi inédite, « la vie réelle n'en comporte pas d'analogue. Il doit se garder d'ignorer le transfert amoureux, de l'effaroucher ou d'en dégoûter la malade, mais également, et avec autant de fermeté, d'y répondre[65] ». C'est là une version de l'abstinence, « principe fondamental » de la technique, que Freud formule en des termes très semblables dans deux articles : celui de 1915, « Observations sur l'amour de transfert », et celui de 1919 sur « Les voies nouvelles de la thérapeutique analytique ». Dans celui-ci il en fait même paradoxalement le premier principe de la nouvelle technique évoluant dans le sens de la « technique active » de Ferenczi ; l'« activité requise du médecin » consiste à « maintenir la frustration » *(die Entbehrung aufrecht halten)*[66]. Dire que le traitement doit se pratiquer dans l'abstinence *(Entbehrung, Abstinenz)* signifie certes que l'analyste doit « refuser à la patiente avide d'amour la satisfaction qu'elle réclame[67] », mais l'abstinence dépasse largement ce cadre. Le terme ne se réduit pas à sa signification courante de renoncement aux relations sexuelles, que ce soit en séance ou dans la vie privée ; « il s'agit ici de quelque chose de différent qui se rapporte bien davantage à la dynamique de la maladie et de la guérison [68] ». Elle concerne la satisfaction à l'œuvre dans les symptômes et le sort qui lui est fait. La maladie, explique Freud, a été « causée par une frustration » (ici, en allemand : *Versagung*) et les symptômes servent de satisfactions substitutives *(Ersatzbefriedigungen)*. Quand l'état du patient s'améliore, « la force pulsionnelle *(Triebkraft)* qui l'aiguillonne vers la guérison » diminue, ce qui compromet la cure. Donc, conclut Freud, « quelque cruel que cela puisse sembler, nous devons veiller à ce que les souffrances du malade ne s'atténuent pas prématurément de façon marquée ». Le devoir de l'analyste est de « s'opposer énergiquement » à toutes les satisfactions de remplacement « prématurément adoptées » que le patient cherche à se créer à la place de ses symptômes. Parmi ces « diversions », Freud évoque « plaisirs, intérêts, habitudes », mais aussi l'engagement à la légère dans une liaison et le mariage malheureux qui satisfait le « besoin de punition qui fait que tant de névrosés tiennent si obstinément à leurs maladies ». Il attire d'autre part l'attention sur la satisfaction substitutive que le patient cherche dans le traitement lui-même. Il ne faut pas sur ce point lui rendre la vie douce ; « en analyse, il faut éviter toutes ces gâteries » [69].

Une de ces gâteries pourrait être de permettre au patient de se soustraire à la « dure épreuve [70] » de s'allonger sur le divan. Quoique Freud ne lie pas explicitement l'usage du divan à la règle d'abstinence, dans ces textes il en souligne moins le confort que l'insatisfaction ou l'exigence de renoncement. Freud a maintenu ce « vestige de la méthode hypnotique » pour des raisons personnelles – il ne supportait pas d'être regardé toute la journée –, mais, plus fondamentalement, parce qu'il sert au transfert et à son maniement. Il permet d'« isoler le transfert » qui surgit à l'état de résistance sans que les expressions du visage de l'analyste puissent interférer dans les associations du patient [71]. Et si ce dernier utilise le temps « hors divan » comme une zone qui serait « hors analyse », sa ruse est rapidement déjouée par Freud, qui abat cette cloison en ramenant à la première occasion le matériel ainsi détourné [72].

La règle d'abstinence va, on le voit, à l'encontre du confort du sujet. Elle est, selon Serge Cottet, « destinée à rappeler le sujet à l'ordre de son désir jusque-là endormi »; elle vise à maintenir la brèche ouverte sur « le réel de la jouissance interdite » et protège l'analyste des « élans de son "bon cœur" » [73]. L'analyste, en effet, doit laisser ses sympathies et son orgueil thérapeutique au vestiaire. Tel un chimiste, « il sait bien qu'il manipule les matières les plus explosives », mais il devrait prendre – dans le traitement du moins – modèle sur le chirurgien, qui, « laissant de côté toute réaction affective et jusqu'à toute sympathie humaine, ne poursuit qu'un seul but : mener aussi habilement que possible son opération à bien » [74].

Horacio Casté

La fiction de la séance

Nombre de non-analystes continuent d'étudier la technique freudienne, son dispositif et ses moyens d'avoir une incidence sur le dire de l'analysant. Ils cherchent à mettre au jour ce que Freud faisait réellement avec ses patients. De par la scientificité avec laquelle ils mènent leurs recherches, leur effort d'exactitude et de systématisation, ils parviennent à des conclusions assurément utiles et intéressantes pour ceux qui sont plus proches du milieu psychanalytique et qui souvent ont été peu attentifs à ces données. Ainsi, le travail exhaustif de Paul Roazen[1] va jusqu'à conclure que Freud ne savait probablement pas très bien ce qu'il faisait, à partir des variations des méthodes qu'il a pu employer et des résultats qu'il a obtenus. Je relèverai aussi le curieux article de D. L. Lynn et G. E. Vaillant, qui aboutit à « montrer une disparité substantielle entre les consignes de Freud et ses méthodes réelles. Freud n'a ni utilisé ni mis à l'épreuve la méthode, qu'il prescrit et définit dans ses conseils. Freud n'a jamais décrit explicitement sa vraie méthode dans ses écrits et on ne peut y objecter[2] ».

Les conseils de Freud et leurs destins

Il n'y a pas à disserter sur le destin qu'ont connu les conseils de Freud dans ses *Écrits techniques* à ceux qui s'initiaient à la pratique de la psychanalyse, mais plutôt à entendre qu'il dit clairement avoir construit une méthode à sa mesure, et ne produire aucun décalogue à appliquer de rigueur. L'intérêt de Freud et la technique qu'il a élaborée ne concernent pas la mise en scène de l'analyse, mais son objet et sa fin.

Évidemment, la séance analytique, unité minimale de la série des rencontres qui constituent le parcours d'une analyse, requiert, comme toute praxis, certaines conditions de possibilité, sans que rien ne permette d'en prédéfinir le détail. Cela n'a aucunement empêché les disciples de Freud de tomber d'accord sur des règles strictes pour formaliser ce qu'ils ont appelé le « cadre », créant par là des conditions proprement fictives de la « mise en scène » analytique.

La standardisation des règles d'application de la psychanalyse a une longue histoire, qui commence par répondre d'abord au besoin d'unifier les critères dans les centres d'assistance dans les années 20, puis aux fonctions de formation des sociétés analytiques entendues comme moyens de contrôle et d'habilitation des praticiens de la psychanalyse. Paradoxalement, ces règles devinrent l'axe de cohésion le plus solide de l'Association internationale, qui simultanément accueille depuis sa fondation des courants théoriques opposés et qui persiste actuellement dans cette voie. L'application de ces règles par une personne autorisée en est venue à définir ce qu'est une psychanalyse, qui ne saurait en être une si ces règles n'étaient pas respectées, notamment quant à la durée des séances et à leur fréquence.

La bibliographie sur ce sujet est trop vaste et trop connue pour la détailler. Il est cependant intéressant de relever le consensus des auteurs sur la fixité de quelques normes, dont les buts sont très différents de ceux que visaient les conseils de Freud, et qu'ils défendent selon des arguments aussi variables que leurs présupposés théoriques respectifs. Chaque auteur avance ses arguments sur les composantes du dispositif, sauf celui de Freud, qui arguait de sa préférence personnelle.

Le retour à Freud

Fiction : le manque de cohérence pour soutenir la praxis, que manifeste cette diversité des arguments, a été dénoncé par Jacques Lacan comme ce qui se réduit à l'exercice d'un pouvoir. Dans son *Séminaire XI, Les Quatre Concepts fondamentaux de la psychanalyse*, il donne une définition de la praxis qu'il convient de rappeler : « C'est le terme le plus large pour désigner une action concertée par l'homme, quelle qu'elle soit, qui le met en mesure de traiter le réel par le symbolique [3]. » C'est là ce qui est en jeu dans la direction de la cure, l'imaginaire, ajoute-t-il aussitôt, est secondaire.

Son retour à Freud en 1953 conduit Lacan à critiquer – « Situation de la psychanalyse et formation du psychanalyste en 1956 » est sans doute le point culminant – des déviations théoriques et techniques qui ont pour dénominateur commun l'« abandon du fondement de la parole ». Il en vient à une définition de la direction de la cure qui inclut les changements radicaux du dispositif, dont une grande part de son enseignement s'est préoccupée depuis le « Discours de Rome ». Lacan promeut une clinique freudienne qui prend en compte ce qu'enseigne le dispositif même : le transfert et la fonction de l'analyste, laquelle ne consiste pas plus à se faire objet d'identification qu'écran de projection. Il promeut une transformation de ce qui est devenu un rituel qui va bien au-delà de l'introduction des séances courtes : la responsabilité de l'analyste, notamment, est engagée dans ce qui permet au dire d'avoir une incidence, et la pure parlote se voit chassée du dispositif freudien ; l'élaboration ne s'inscrit plus dans la séance, qui va de l'instant de voir au moment de conclure, le temps pour comprendre restant en dehors.

Les cadres

Les conséquences des transformations introduites par Lacan – dont son exclusion de l'IPA – sont encore sensibles parmi les analystes « orthodoxes ». Ainsi, J.-L. Donnet a publié en 1979 un article[4] où, après un rejet virulent de ces transformations, il expose ce qui, à ses yeux, détermine la position officielle sur le cadre psychanalytique.

La durée de la séance doit assurer une proportion vraisemblable entre la cause et l'effet, entre les moyens et la finalité de la psychanalyse. Un temps est adéquat à sa fonction, qui est de procurer un lieu à la régression narcissique, soutien et enveloppe de la névrose de transfert, autour de quoi tourne une analyse grâce à l'interprétation *hic et nunc*. Nous reconnaissons ici les ressorts d'une théorie erronée du transfert, centrée sur les affects à résorber dans une projection interminable sur les objets auxquels le patient réédite sa relation.

Le temps de la séance doit permettre une errance nécessaire pour que l'analysant manifeste sa résistance, qui est le « bastion à réduire ». Selon cette hypothèse, qui ne manque jamais dans les positions officiellement éclectiques, on peut se demander si la résistance doit être réduite pour que se manifeste la régression narcissique, ou inversement : le poisson se mord la queue...

UNE QUESTION ÉTHIQUE

Dans cette conception, la fixité de la séance témoigne que l'analyste ne privilégie aucun contenu, et qu'est garanti le droit de l'analysant à être écouté. Comment ne pas s'interroger sur ce que veut dire écouter dans un contexte où tout s'équivaut et sur ce qu'implique une direction de la cure où aucun élément n'est privilégié? Comment la cure, dans ces conditions, ne s'en irait-elle pas à vau-l'eau?

On crée ainsi l'espace idéal pour que se développe une activité psychique dominée par le fantasme, à l'exclusion de toute intromission contre-transférentielle. Lacan avait évidemment ses raisons pour définir le contre-transfert comme la somme des préjugés de l'analyste, et nous voyons pourquoi le fantasme est un risque d'intromission dans une cure qui privilégie les affects.

En instituant une durée fixe de la séance, l'analyste s'adresse au moi raisonnable du patient et lui permet de reconnaître du même coup la réalité quotidienne objective – selon l'auteur cité, ce modèle se réfère en dernière instance à ce qui régule les relations entre l'imaginaire et le réel.

L'usage d'une terminologie apparemment lacanienne dans cet article ne fait qu'introduire la confusion dans les concepts auxquels il renvoie. Le « réel » ici désigne cette réalité quotidienne qui règle les relations et que formalise le « contrat » au début de toute analyse dans le cas du cadre[5]. Le réel désigne ici la loi. Il n'y a pas d'autre recours pour qui ignore l'articulation entre imaginaire, symbolique et réel dans une analyse. De là, il n'y a qu'un pas pour que ce discours verse dans l'« envers de la psychanalyse », malgré (ou précisément à cause de) ses excellentes intentions. La question s'impose alors de savoir jusqu'à quel point la scène du cadre, loin de la favoriser, ne fait pas obstacle à l'émergence de cette Autre scène que Freud a introduite en s'inspirant de Fechner?

Un « écrit technique » de Lacan

On trouve des indications proprement techniques, explicites ou implicites, dans la quasi-totalité des écrits de Lacan, mais « De la psychanalyse dans ses rapports avec la réalité[6] » est celui qui peut le plus être lu comme un « écrit technique », à la manière de ceux de Freud. Il pose la question : « Qu'est-ce qui fait qu'une psychanalyse est freudienne ? » Et poursuit : « Y répondre conduit jusqu'où la cohérence d'un procédé, dont la caractéristique générale est connue sous le nom d'association libre (mais qui n'est pas libre pour autant), impose des présupposés tels que l'intervention et, principalement, celle qui est ici en discussion : l'intervention du psychanalyste, manquent d'appui. »

Deux questions fondamentales se posent alors, deux paradoxes. Le premier du côté de l'analysant : la liberté de l'association libre est une fiction, puisqu'elle suit les voies que lui impose le signifiant ; et le second du côté de l'analyste : aucune cohérence technique ne vient étayer son intervention. Comment donner sa consistance à une méthode dans de telles conditions ?

Lacan dresse une longue liste de ce que n'est pas l'axe du procédé freudien.

L'impossibilité de formuler des règles fixes, de dire quoi faire, est entièrement laissée de côté, et on comprend pourquoi : pour Freud comme pour Lacan, en analyse, plus que de technique et de méthode, il s'agit d'éthique, à laquelle sont subordonnées les ressources techniques. Une éthique du désir est en jeu du côté de l'analyste. Le désir de l'analyste se manifeste comme tel dans l'interprétation, qui, loin d'être une traduction, ne vise pas le signifié, mais le signifiant : dit par l'analyste, l'analysant pourra l'interpréter.

Que l'inconscient soit structuré comme un langage implique

qu'une séance analytique a une valeur particulière et mérite qu'on s'en souvienne comme telle, uniquement par rapport à la série dont elle fait partie, puisqu'une séance, comme un signifiant, n'a de valeur que différentielle. De même qu'un signifiant, une séance fait partie d'une chaîne à laquelle un point de capiton donne sens. Le phénomène de la répétition est inévitable dans une analyse, aussi quelque chose de cet effet symptomatique doit-il changer, quelque chose doit-il tomber, pour que s'ordonne autrement le discours. Du pouvoir discrétionnaire de l'auditeur le signifiant reçoit son sens, de ce lieu de l'Autre le sujet reçoit son message sous une forme inversée, son propre message et aucun autre qui prétendrait s'y greffer.

Il ne s'agit donc pas de réduire la demande au besoin, ni à sa satisfaction ni à sa frustration, comme le veut la technique commentée plus haut, qui mène à la « rééducation émotionnelle », où ses partisans voient une des fins majeures de la psychanalyse.

La séance est effectivement une fiction, une fiction n'est pas nécessairement une tromperie.

Comme on le sait, Lacan, prenant appui de la théorie du langage de Bentham, démontre que la vérité a structure de fiction. L'étude des entités juridiques conduit Bentham à affirmer que les entités fictives reçoivent du langage leur existence, nécessaire bien qu'impossible. Le signifiant crée le signifié et le fait de parler engendre la croyance ou, mieux, la supposition que ce qui se dit a un référent.

L'analyste se prête principiellement à occuper ce lieu où le situe l'analysant par le fait même de s'adresser à lui, et la demande implicite dans son discours ouvre le chemin vers une position régressive et de dépendance, non seulement imaginaire, tout à fait secondaire, où il attend quelque gratification, mais structurale par une aliénation signifiante, où l'Autre aurait la clé qui lui manque pour répondre à sa question. L'analyste supporte cette fonction de semblant de savoir, de sujet supposé savoir, à condition de distinguer clairement l'être, solidaire du semblant, du réel comme impossible. Se prêter à cette place, en tant que condition d'une analyse, n'équivaut d'aucune façon à s'y identifier.

Non seulement l'analyste ne répond pas à la demande, mais il ne la frustre pas non plus. Il cause le dire de l'analysant, par son acte – interprétation, scansion, coupure, utilisation de l'argent, ou tout autre moyen qui se justifie de son effet – produit de la place de cette cause que vise une analyse.

Certes, la séance analytique est une fiction, non pas au sens de forme scénographique, mais parce que ceux qui y sont impliqués ne sont pas ce qui paraît, et par ce par-être rendent possible qu'existe quelque chose en plus. Ils font partie d'une représentation indispensable à la production, au-delà de la mise en scène, d'une rencontre avec le réel.

Adriana Testa

Contingence et régularité

Que deux ou trois personnes – ou davantage – s'entendent pour se réunir périodiquement à date et lieu fixes suffit à produire une institution, quels que soient les contingences et les avatars qu'elle rencontrera. Cette description minimale de l'institution nous permet d'introduire la question de la séance analytique, pour souligner que, par ses coordonnées spatio-temporelles, elle ne répond pas au critère de la pure régularité qui caractérise l'institution en raison des incidences de son inscription dans un continuum. Pourtant, tel un cristal dont les facettes s'éclairent différemment selon l'orientation de la source lumineuse et l'angle sous lequel on le regarde, la séance analytique n'a pas été définie identiquement par les diverses lignes de force du champ de la psychanalyse qui toutes y convergent. Cristal aux multiples facettes ou caisse de résonance, s'y reflètent ou y résonnent les clivages d'une histoire qui a plus d'un siècle.

Berlin, 1923

Dans une conférence qu'il donne à la Société et à l'Institut de San Francisco en 1952, Siegfried Bernfeld distingue deux périodes dans cette histoire, qu'il aborde depuis ses premiers pas et les premières réponses apportées au problème crucial de la formation des analystes par un Freud qui écoute les rêves de ses disciples et tente de traiter les symptômes névrotiques des médecins et psychologues qui le consultent à cet effet.

Il situe donc la première période de ces débuts à 1923-1924 : c'est le temps pendant lequel se dissipe la croyance en la possibilité de l'auto-analyse au profit de l'analyse personnelle avec quelqu'un qui en sait plus et qui inspire confiance. La seconde période commence, selon lui, fin 1923-début 1924. En effet, c'est à ce moment que la Commission d'enseignement de la Société de Berlin décide d'établir un règlement de ses activités. Elle propose ainsi aux psychiatres un programme complet d'enseignement, définissant ses conditions : modes d'admission du candidat ; exigence d'une analyse personnelle d'une durée minimale de six mois ; désignation du didacticien par la Commission, qui décide aussi du moment où une analyse peut être tenue pour terminée. Avec le temps, ces conditions devinrent des habitudes. Leur proclamation, observe Bernfeld, avait paru inouïe au monde analytique, les uns y voyant une solution, les autres une complication, beaucoup enfin restant sceptiques.

Berneld explique ainsi cette situation : après la Première Guerre mondiale, Freud et la psychanalyse sont mondialement connus, la psychanalyse est partout... sauf chez les médecins, qui la méprisent malgré la sympathie de jeunes psychiatres ; les psychanalystes, eux, aspirent à la respectabilité et à être reconnus dans la profession médicale. Des sociétés corporatives, cliniques et instituts de formation, leur sont donc nécessaires[1].

En effet, un code définissant ce qu'est un analyste, comme le règlement berlinois, permet de garantir les normes de la formation et de la pratique des psychanalystes dans les années 30. Il faut constater que ce système de garantie a perduré jusqu'à nos jours, même si son usage est moins monolithique, et qu'il a permis d'éviter les difficultés que comportent la contingence et leur traitement, tant dans la formation que dans l'expérience des analystes.

Paris, 1953

À partir de 1945, dans l'après-guerre, la Société psychanalytique de Paris reprend peu à peu la routine de ses réunions. Sacha Nacht en fut président en 1947, et Jacques Lacan membre de sa Commission d'enseignement en 1948. Reconnu dans la Société, il en rédigea les règlements, introduisant quelques innovations apparemment restées inaperçues. Sa pratique des « séances courtes » dans l'analyse didactique eut d'autres répercussions, et les controverses fusèrent. « Tout le monde était d'accord pour rejeter la technique de Lacan », écrit Lagache à l'IPA en juillet 1953. Lacan en donne les raisons à plusieurs reprises. En janvier 1953, ils lui « arrachent le compromis » de s'en tenir à la norme établie pour l'analyse didactique : un minimum de douze mois, à raison de trois séances hebdomadaires de trois quarts d'heure chacune [2].

Normes établies par qui ? Les documents sûrement donnent une réponse exacte, cependant le fil de la Commission d'enseignement de Berlin qui trame une partie de l'histoire n'apparaît-il pas ici ? La rumeur orientera la force qui vectorise ces controverses : ce thème deviendra le principal, si ce n'est le seul, de la propagande de l'Institut après la scission.

Bernfeld a mis au jour l'action mortifère d'une organisation attentive aux seuls règlements de la formation des analystes. Lacan, de son côté, invente une autre règle (qui donne sa place à l'imprévisible) : sans recourir à un temps chronométré, il suspend la séance pour intervenir opportunément sur « une heureuse ponctualité [...] qui donne son sens au discours du sujet [3] ».

Réveiller

« Aucune praxis plus que l'analyse n'est orientée vers ce qui, au cœur de l'expérience, est le noyau du réel [...]. C'est en effet d'une rencontre, d'une rencontre essentielle qu'il s'agit dans ce que la psychanalyse a découvert – d'un rendez-vous auquel nous sommes toujours appelés avec un réel qui se dérobe [4]. »

Par ces mots, Jacques Lacan introduit deux termes chers à l'expérience d'une analyse : *tuché* et *automaton*, deux modes de rencontre ou de fortune (repris d'Aristote, à propos de la cause, dans sa *Physique*). L'une, la tuché, se réfère, selon Aristote, aux êtres capables de choix ; dans l'autre (automaton), il y a répétition, « comme au hasard », sans connation, en première instance, d'aucune finalité humaine. Lacan affirme d'un côté que « Le réel c'est cela qui gît toujours derrière l'automaton », et définit de l'autre la tuché comme « la rencontre avec le réel ». C'est à Kierkegaard qu'il renvoie, pour avoir su articuler répétition et diversité. Là, Lacan relève un élément-clé de la répétition : le nouveau. Cependant, dans le rêve freudien : « Père, ne vois-tu pas que je brûle ? », se révèle la rencontre avec l'inertie (« être inerte à jamais »). « Vision atroce » qui « désigne un au-delà qui se fait entendre dans le rêve », dans cette autre scène, « le désir s'y présentifie de la perte imagée au point le plus cruel de l'objet [...] puisque personne ne peut dire ce qu'est la mort d'un enfant » [5].

Le « malvenu » de la rencontre avec le réel (essentiellement manquée) est à l'origine même de la psychanalyse sous la forme du trauma, en tant qu'il détermine tout ce qui suit et qu'il est tenu – comme le souligne Lacan – pour être accidentel, c'est-à-dire effectivement contingent mais relativement indéterminé.

Jacques-Alain Miller a analysé la théorie du sommeil et du réveil de Lacan. Il définit le réveil comme un des noms possibles du réel et pose la question : Pourquoi Lacan fait-il des séances si brèves qu'elles méritent à peine le nom de séances ? Il s'agit, répond-il, d'inspirer à l'analysant, de provoquer chez lui « un peu d'impatience », il s'agit de lui « inspirer le dur désir de se réveiller qui n'a rien de naturel et qui est même contre nature ». Une analyse, conclut-il, peut favoriser le désir de dormir de quelqu'un irrité par le réel de son symptôme (c'est la voie qui rétablit la « sagesse supposée du corps »), ou bien elle peut induire l'exigence de la jouissance [6].

La contingence d'une rencontre

Au cours d'une crise obsessionnelle classiquement freudienne centrée sur son analyse – avec la même force que dans l'un des exemples de rencontre hasardeuse dans la *Physique* d'Aristote – surgit ce rêve : la femme du voisin, cause d'une angoisse obsédante, le repère comme l'enfant sage et bien élevé qu'il a été pour sa mère. Il en ressent une honte étrangère à sa défense : « Je suis un automate, je suis endormi. » La douleur de l'angoisse s'était installée en lui et la honte éjecte l'image qu'il endossait pour calmer (et combler) la mère.

L'angoisse que déclenche la présence de l'Autre (incarnée par une autre très proche, vivante et jouisseuse) et la honte que réveille le rêve donnent forme à la contingence qui perturbe la régularité du dispositif et de son fonctionnement que Jacques-Alain Miller épingle comme « retour invariable de ce qu'on appelle une séance et plaisir de l'association libre qui masque et qui semble même annuler cette pure perte qui angoisserait le patient utilitariste [7] ».

L'endormissement (la routine du fantasme) tente de fuir devant l'« imaginaire du rêve » qui ouvre l'espace de l'autre scène où se présentifie ce qui ne veut pas se savoir : être le phallus mortifère qui colmate et apaise le désir de la mère.

Par quels artifices les contingences du passé sont-elles fixées dans la nécessité du futur ? Deux coordonnées définissent l'espace vide, la boîte noire de la séance analytique : la présence de l'analyste et la scansion temporelle de la séance (sa coupure, son interruption), qui sont deux façons d'opérer avec l'objet *a*, cause du désir et du plus-de-jouir.

L'analyste garde le rien

Parlant de l'« efficacité de l'artifice » chez Gracián, German García a récemment comparé, dans son « Cours sur les passions », l'habileté non calculée du héros de Gracián, sa maîtrise des apparences et des occasions qui se passe de tout calcul, à la séance analytique. Il rapprochait d'une part le terme *despejo* qu'utilise Gracián à propos de la pratique de l'artifice et qui signifie « déblayer, éclaircir, clarifier, dénouer, nettoyer » en accentuant la dimension de la désinvolture de l'opération et d'autre part ce que fait une analyse, qui atteste des contingences, des bribes du passé saisies dans le petit écart de jeu libre (entre signifiant et signifié, entre sens joui et acquis, entre rencontre et hasard) dans la nécessité d'une chaîne, constituée donc de quelques contingences détachées et flottantes [8]. Elle convertit le contingent en nécessaire.

Le héros de Gracián apprend à dissimuler (« excusez, dit-il, le garçon cultivé de sonder le fond de votre fortune »). Lacan démontre que le transfert met en réserve le rien, un vide qui paraît comme l'objet le plus précieux. Commentant le *Séminaire VIII, Le Transfert*, Jacques-Alain Miller précise que c'est l'analyste qui garde le rien : « il garde la signification qu'il génère à ne rien retenir [9] ». « Le ressort du transfert, ajoute-t-il, c'est le mode de rétention de ce rien... susceptible de se transformer en agalma pour l'autre[10]. » Devant l'amour déclaré d'Alcibiade, Socrate se soustrait aux leurres de l'amour pour préserver le vide qui fait de lui un objet précieux. Lacan voit dans la maîtrise de Socrate l'anticipation de la position de l'analyste, que Jacques-Alain Miller formalise comme « rejet de la métaphore de l'amour ».

Socrate cherche la lumière de la connaissance (rien ne le rend donc digne d'amour) et soutient de son désir de savoir (un plus-de-savoir). Gracián aura ajouté à la position de l'analyste la vertu de l'artifice – maîtrise des apparences, des circonstances, de la mobilité, et savoir-faire avec l'occasion et les apparences, sans calcul. C'est là le semblant d'un artifice dont les ressources se trouvent dans la « fonction et [le] champ de la parole et du langage ».

Victoria Vicente

Melanie Klein et la technique

La question de la technique prend dans l'histoire de la psychanalyse avec les enfants une place si centrale que le parcours théorique des premières analystes d'enfants qui ont donné son existence à cette psychanalyse approfondit la technique pour en trouver une qui lui soit appropriée. La réponse à la question « Comment analyser des enfants ? » suppose donc de modifier la technique. Les premiers travaux de ces analystes femmes, Anna Freud et Melanie Klein, développent ces points de technique et les controverses qu'ils suscitèrent.

Une spécificité

Hermine Hug-Hellmuth puis Melanie Klein s'appuyèrent d'abord sur une remarque d'Ernest Jones, dans sa biographie de Freud, à propos du petit Hans, où il soulignait que Freud interprétait le jeu de l'enfant comme expression de sa pensée. Elles virent là un « artifice essentiel » pour la psychanalyse avec les enfants.

La première contribution de Klein dans la Société hongroise – le récit du cas de Fritz, paru sous le titre « Le développement d'un enfant » – ne mentionne aucune installation particulière du dispositif ni aucun intérêt spécifique pour le jeu. Elle se présente plutôt comme une longue observation du comportement de l'enfant pendant la journée, à partir de laquelle elle constate que celui-ci, à disposer de l'analyste en permanence, trouve un bénéfice secondaire. Melanie Klein, pour éviter ce dernier, expose comment elle a introduit un horaire de l'analyse, sur un conseil que lui donna Anton von Freund[1].

Au Congrès de La Haye de 1920, Melanie Klein fait la connaissance d'Hermine Hug-Hellmuth, qui a déjà commencé, à Vienne, à analyser des enfants en observant leurs jeux. Durant son séjour à Berlin, de 1920 à 1926, Klein affine sa technique et élabore ses concepts. Pendant ce séjour, elle produit des textes fondamentaux sur la technique où elle prend en compte ce qui questionne alors Freud et Abraham. Elle dit avoir été particulièrement influencée par « Au-delà du principe de plaisir » (1920) et « Le moi et le ça » (1923), élaborés par Freud pour répondre, dans le cadre de la seconde topique, aux difficultés techniques posées par l'inertie du symptôme.

Melanie Klein considère faire un pas de plus que Freud dans la technique. Reprenant la remarque suivante de ce dernier : « L'analyse pratiquée directement sur un enfant névrosé doit, dès l'abord, sembler plus digne de foi, mais elle ne peut être très riche en matériel ; il faut mettre à la disposition de l'enfant trop de mots et de pensées, et même ainsi les couches les plus profondes se trouveront peut-être encore impénétrables à la conscience[2] », elle avance qu'il se fonde sur un rapprochement sans doute inadéquat entre la technique de la psychanalyse de l'adulte et celle de l'enfant[3]. Ainsi, elle lit la difficulté signalée par Freud non pas comme concernant le refoulement – il produit un nœud inconscient, une zone de non-savoir –, mais comme une ignorance sur la « véritable nature de l'enfant[4] », qui empêche son abord adéquat par l'analyse. La conséquence en sera l'exploration de la différence entre la psychologie de l'adulte et celle de l'enfant, reconnue comme purement technique et non pas de principe.

Si l'objectif du traitement est le même, la spécificité de la technique trouve sa nécessité dans une conception précise de l'appareil psychique infantile, dont découlent nécessairement les modifications dans le dispositif analytique ; selon Melanie Klein, donc, les différences entre la psychologie de l'enfant et celle de l'adulte – le fait que l'inconscient soit chez l'enfant dans un contact plus étroit avec le conscient et avec les pulsions instinctuelles – requièrent d'inventer comment y adapter la technique [5]. Mais l'article du « Colloque sur l'analyse des enfants », de 1927, avance une autre raison pour justifier sa technique. Melanie Klein, en effet, s'y étonne que, dix-huit ans après la publication du cas du petit Hans, le progrès de la psychanalyse avec les enfants ait été aussi lent et attribue ce fait aux préjugés des analystes, qui pensent que l'analyse avec des enfants est non pas plus mais moins féconde en découvertes que celle des adultes.

Ces préjugés au sujet de l'exploration du complexe d'Œdipe sont la cause de la résistance interne à inventer une technique adéquate : faute de disposer de cette technique, on n'a pu aller plus loin dans le cas du petit Hans ni après. Melanie Klein, dans son effort pour « aller plus loin », attire l'attention sur la solidarité entre immaturité, primitivisme et profondeur : « le plus profond » est le plus inconscient et le plus inconscient est à son tour le plus primitif et le plus immature [6].

Toujours plus archaïque

Pour Freud, entre l'événement et sa signification, il y a un décalage temporel dont il rend compte par le concept de rétroaction, d'après-coup : le temps du sujet est un temps « rétroactif ». À lire

Melanie Klein, deux cadres servent à l'ordonnancement temporel : l'un, génético-évolutif, recourant aux concepts de phase et de stade, et l'autre à celui de position.

Déjà dans *L'Analyse des jeunes enfants*, son premier livre, elle ordonnait la chronologie selon les phases proposées par Abraham et confirmait dans cette période les découvertes des *Trois Essais sur la sexualité infantile* de Freud, tout en les subvertissant dans une théorisation de l'Œdipe et du surmoi précoce, ce qui produisit, comme on sait, une véritable commotion dans le milieu analytique. On voit donc dans le parcours théorique de Melanie Klein s'inverser la fonction de l'après-coup en un mouvement où chaque découverte demande de remonter davantage dans le temps. Cette tendance permanente a pour corrélat une structure strictement synchronique.

L'interprétation ultra-précoce

Si la rigidité des normes et des règles ne semble pas inquiéter Melanie Klein dans la mise en place du dispositif analytique, les conditions requises pour qu'une psychanalyse avec des enfants soit une psychanalyse la préoccupent au contraire éminemment. Interrogeant les conditions qui assurent de son caractère analytique une pratique, elle répond que l'axe d'une psychanalyse réside dans le procédé freudien de l'association libre et de l'interprétation du transfert, mais que la difficulté propre à l'enfant dans l'usage de la parole appelle le recours au jeu.

Posant l'angoisse comme cause de la résistance aux associations verbales, elle en fait un obstacle à vaincre comme le noyau principal des manifestations névrotiques chez les enfants. La fin visée par la séance analytique est que l'enfant fantasme, et, si l'angoisse l'en empêche, l'interprétation doit l'y aider. Cette dernière devient ainsi un des aspects les plus importants de la technique : dès que le patient a donné un panorama interne de ses complexes – par le jeu, le dessin, ses fantaisies ou son simple comportement général –, l'analyste peut et doit commencer à interpréter. Cela ne contredit nullement la règle selon laquelle il doit attendre l'établissement du transfert avant de commencer à l'interpréter, le transfert étant chez les enfants immédiat. Melanie Klein voit dans le transfert négatif une raison de plus à ce que les interprétations commencent dès que possible.

Cette « interprétation ultra-précoce des intentions du petit enfant », selon l'expression de Lacan dans « Introduction théorique aux fonctions de la psychanalyse en criminologie »[7], contrevient à la suggestion freudienne de dire la vérité au patient quand il est sur le point de la connaître, juste avant qu'elle n'émerge.

Melanie Klein invente non seulement une technique du jeu mais une plate-forme de l'interprétation, aux conséquences immédiates sur la position de l'analyste dans la cure et sur l'acte analytique. La séance analytique doit mettre en acte la capacité de l'analyste à fournir à l'enfant, à tout moment, une signification, qui n'est pas « une nouvelle signification », comme le pense Freud en parlant des formations de l'inconscient sous transfert, mais qui semble se réduire à inclure l'analyste dans le fantasme de l'enfant.

Qu'est-ce que l'enfant représente dans le jeu ? « Dans leur jeu, les enfants représentent symboliquement des fantasmes, des désirs et des expériences. Ils emploient pour cela un langage, un mode d'expression archaïque, phylogénétiquement acquis, avec lequel les rêves nous ont familiarisés. Nous ne pouvons pleinement comprendre ce langage que si nous l'abordons par la méthode mise au point par Freud pour élucider les rêves[8]. »

Malgré cet appui dans l'interprétation freudienne des rêves, les conclusions de Melanie Klein sont toutes différentes : alors que

Freud situe le jeu dans la suite des transformations de l'inconscient et le pose comme une réponse au réel du trauma, le kleinisme le lit comme une contribution au langage pré-verbal, conformément à son idée du symbolisme. Ce symbolisme – dont parle Lacan dans « À la mémoire d'Ernest Jones : sur sa théorie du symbolisme » – est imaginarisé, qui va de l'objet à l'image, puis à sa représentation verbale [9].

Sans énigme

L'exposé des cas, avec leur riche phénoménologie, situe les jeux comme des mises en scène dont la signification se distribue invariablement entre deux pôles : le sadisme et l'agression – avec leurs avatars, châtiment et culpabilité –, et le corps de la mère. La séance analytique constitue le lieu où se réinstalle la relation objectale primaire pour le patient qui reproduit les sentiments d'amour et de haine, les fantaisies et défenses qui se produisirent lors de la première relation. Le dualisme de cette relation est clairement énoncé par Melanie Klein. Après une telle définition de la séance, l'analyse sera une dialectique sur l'axe imaginaire et l'interprétation du jeu restera consonante au transfert.

Pour conclure, l'accent mis sur la spécificité de la technique dans l'analyse avec des enfants fait perdre de vue que c'est l'acte analytique lui-même, en tant que mobilisation du désir de l'Autre, qui assure la cure de sa valeur analytique. L'introduction de l'énigme est absente de la technique de Melanie Klein.

Carlos Dante García

Un tabou

> « Toute formation humaine a pour but par essence et non par accident de réfréner la jouissance. »
>
> J. Lacan[1]

« Serait-il possible que tout puisse être questionné, reconsidéré dans la psychanalyse, sauf les éléments du cadre[2] ? » Question désespérée d'une analyste de l'IPA. Si tout ne peut être interrogé dans la psychanalyse, le travail de cette analyste, parmi d'autres, révèle que dans certaines orientations le cadre n'est pas suffisant pour définir la séance analytique, et l'on cite Melanie Klein comme une analyste qui par sa technique, sa façon d'interpréter et ses libertés (par exemple, accompagner Richard à l'arrêt de bus) ne s'en tenait pas au cadre. C'est vrai en partie. C'est la situation analytique, non le cadre, qui nous intéressera ici.

Quand Freud extrait de sa pratique des recommandations techniques pour les analystes, il met l'accent sur ce que ne doit pas faire un analyste, laissant au tact de chacun presque toutes les choses positives, celles que l'analyste devrait faire. Freud ne se désintéressera pas des conséquences de sa position et il pressentira que « les [analystes] obéissants n'ont pas pris note de l'élasticité de ces mises en garde et s'y sont soumis comme à des prescriptions ayant force de tabou. Il fallait une bonne fois réviser cela…[3] ».

Le tabou et une apparente libéralité

Bien qu'abordée à plusieurs reprises dans l'histoire de la psychanalyse[4], la question de la séance reste taboue pour l'IPA, surtout quant à sa durée. Rappelons que le tabou est une formation sociale dont la variété phénoménologique trouve son unité dans l'interdiction de l'acte. Celui qui est interdit dans l'IPA n'est rien de moins que l'acte analytique. Lacan souligne très tôt dans son enseignement les incidences subjectives qu'a le temps de la séance pour le sujet et pour l'analyste[5]. Il dénonce le tabou et le scrupule que produit cette question chez les analystes, qui préfèrent conserver un standard sans reculer devant ses conséquences pour la fonction de l'analyste. Le temps du sujet est déterminé par la structure : la fonction du temps, conçue comme conjonction du symbolique et du réel, introduit dans la séance une dimension qui n'est pas symbolique, l'objet a ; cette fonction est située par Lacan du côté de l'analyste[6].

La séance ne constituait apparemment un tabou ni pour Melanie Klein ni pour les kleiniens, qui en ont promu des modifications techniques répondant à l'extension de la cure aux enfants et aux psychotiques. La séance kleinienne est caractérisée en général par sa vertu de contenant en tant que cadre – les kleiniens n'en ont néanmoins pas tous la même idée : contenante et flexible chez Klein, déterminée par sa subjectivité chez Heiman, spatiale chez Winnicott, cadre chez Meltzer, etc. Nous prendrons certains aspects de la séance chez Klein et chez Meltzer pour montrer en quoi elle continue chez la première à être taboue, malgré des apparences libérales, et de quelle manière extrême elle constitue chez le second un ensemble d'interdits pour l'analyste.

La séance contenante

Ce sont des femmes analystes, kleiniennes surtout, qui ont touché au caractère tabou qu'avait pris la séance analytique dans l'IPA ; sans elles, peut-être y serait-elle devenue entièrement obsessionnelle. Si les analystes kleiniens sont ceux qui ont le plus rendu compte (longuement, minutieusement, métonymiquement) de leurs séances, la raison en est leur effort pour démontrer leurs découvertes et leurs propositions.

On pourrait dire qu'il y a un style de la séance kleinienne. Quand Melanie Klein invente ce qu'elle appelle la « technique de psychanalyse par le jeu[7] », elle part de l'idée que l'enfant exprime par le jeu et les jouets ses fantasmes, ses désirs et ses expériences, sur un mode symbolique. En jouant, il parle et dit des choses qui ont valeur d'authentiques associations. Klein part d'une prémisse organisatrice de la séance : l'enfant parle bien qu'il ne parle pas. Elle modifie le statut de l'association libre, identifiée jusque-là au parler : associer n'est plus équivalent à parler, bien que l'objectif soit que l'enfant parle. Elle considère que l'enfant, dans ce qu'il fait, est déterminé par ses fantasmes ; pas seulement dans ce qu'il fait mais aussi dans ce qu'il dit : « Les enfants utilisent les mots en accord avec leurs qualités imaginatives, en accord avec les tableaux fantasmatiques qu'ils évoquent[8]. »

Toute la séance est au service du fantasme puisqu'elle part de l'idée d'un inconscient structuré par le fantasme. Le champ des fantasmes est celui de l'action de Melanie Klein. De même qu'elle promeut dans la théorie l'importance de l'objet partiel en tant que fantasmé, elle promeut l'analyste en place d'objet ayant un rôle dans le fantasme de l'enfant, en contenant les pulsions nées de ces fantasmes. À cette fonction de contenir, qu'elle attribue à l'analyste,

UNE QUESTION ÉTHIQUE

tient l'interprétation. L'action de l'analyste est de permettre à l'enfant de manifester toutes ses potentialités d'expression en lui offrant dans la séance tout ce que contient son cabinet, qui doit être choisi à une telle fin. Il ne lui offre pas la parole de façon privilégiée, mais l'espace et les objets.

Nous prendrons l'exemple du cas de la fillette appelée Erna [9], âgée de six ans, pour laquelle Melanie Klein porte le diagnostic de névrose obsessionnelle et qui présente des états de rage, des crises de furie, pendant les séances et surtout quand elles se terminent. Ces attaques sont toujours dirigées contre le corps de Melanie Klein. Celle-ci intervient de différentes façons : en lui faisant comprendre qu'elle peut faire autre chose – par exemple, attaquer les objets disponibles dans la pièce ; en interprétant les pulsions sadiques en termes oraux. Les attaques se poursuivent séance après séance, surtout quand elle lui annonce que l'heure est terminée selon la règle de l'horloge. Un jour, elle décide, en lui annonçant la fin de la séance, d'ouvrir les doubles portes de la pièce afin de la réfréner, sachant qu'il lui sera très pénible que la personne qui vient la chercher voie une de ses explosions et le cabinet transformé en champ de bataille.

Ici, Melanie Klein n'a pas recours à l'interprétation, malgré son activisme interprétatif et sa conviction que presque tout est interprétable selon un code qui répond, dans sa théorie de l'objet, au fantasme oral. Dans ce cas, en particulier, elle convoque un tiers et son regard, recours extrême où, soutenant la fin de la séance d'une anticipation réglée d'elle-même du fait que l'heure est finie, elle provoque une aliénation du sujet quant à sa vérité.

La vérité du sujet demeure posée chez Melanie Klein en termes de savoir par ses interprétations. On sait déjà de quel objet il s'agit : l'objet oral. La vérité d'Erna reste localisée dans ce tiers, l'objet *a* en tant que regard. Melanie Klein n'en a pas moins usé des règles proposées par Freud comme s'il s'agissait d'un tabou. Son acte dans le cas d'Erna semble faire un compromis entre ce qui est permis et ce qui est interdit. Quel a été le contenant? Pas la projection des mauvais objets internes sur l'analyste, dialectique illusoire provoquée en grande partie par l'analyste, puisqu'elle partait d'une supposée agression. Le contenant fut son acte désespéré. L'acte analytique parfois ne lui était pas étranger, ni entièrement un tabou.

La séance organisée à partir de la simplicité

Meltzer considère que la tâche principale de l'analyste dans la séance est la «création» du cadre. Appartenant à la série des analystes kleiniens, il est parmi ceux-ci le plus décidé des partisans d'une théorie du cadre, dont l'incidence a été grande chez les analystes argentins. Sa perspective porte à leur paradigme scrupule et tabou de la séance, en situant le secret de la stabilité du cadre dans la simplicité, en tant que style du travail de l'analyste.

Qu'implique le style simple? Le maintien par l'analyste d'un ordre et d'une rigueur réglés concernant le paiement, ses honoraires, son cabinet, son habillement, ses modes d'expression, son comportement. L'idée de Meltzer est que l'analyste doit contrôler le cadre de manière à permettre le développement de la cure sans qu'aucune réalité extérieure n'interfère. Son cabinet doit donc être quasi dépourvu d'objets distrayants, tels que téléphone ou réveil. Son livre, *Le Processus psychanalytique*[10], expose une théorie de l'analyse fondée sur des séquences et des phases, son processus étant cyclique. Une séquence est une unité cyclique temporelle – semaine, période, année ou séance. La séance constitue ainsi une partie du processus qui peut elle-même inclure un cycle du processus.

La première séance est définie comme logistique, elle fixe les dates des vacances et la politique de l'analyste, c'est-à-dire, ici, la façon dont il procède. Lors de cette séance, il donne donc ses instructions sur l'utilisation, les avantages, les raisons d'être du divan, sur la règle fondamentale, et fournit des appréciations sur la méthode analytique, étant ainsi établi que, sur un mode expérimental, s'engage un travail durant un trimestre.

Meltzer situe le début du traitement après la première interruption du week-end. Pourquoi? Parce que, déjà dans cette première interruption de la séquence des séances quotidiennes, l'angoisse de séparation est en jeu, et donc l'utilisation de l'identification projective massive comme défense.

Cela suppose tout un monde, celui de l'espace du monde interne. Si le patient raconte lors de sa séance du lundi que tout s'est bien passé, qu'il a fait telle et telle chose, est sorti avec son épouse, s'est amusé, etc., Meltzer suppose que cette absence d'angoisse est due au fait qu'il a placé chez son épouse la partie angoissée de lui-même, grâce à l'identification projective. Il ne s'agit pas de lui interpréter que l'analyste lui a manqué, mais de lui dire que, s'il ne lui a pas manqué, c'est justement parce qu'il a fait quelque chose pour qu'il ne lui manque pas. Meltzer conçoit la séance analytique comme une unité dans laquelle on peut vérifier jusqu'à quel point est atteint l'objectif du processus analytique : la position dépressive ; elle implique moins de dissociation et plus d'intégration du moi, ce qui dépend de la « pénétration » de l'activité interprétative de l'analyste.

Un de ses exemples est le cycle du processus d'une séance individuelle[11] d'une patiente de quatre ans et six mois, à laquelle une analyste fait vingt-trois interprétations, sans parvenir à cette position. Il considère l'activisme interprétatif dans la séance comme une déclaration continue de l'attitude analytique : « Je suis votre analyste, une figure externe ; je reçois vos projections sans être dominé par elles ; je peux encore vous communiquer mes pensées. » Il tient la pratique de l'analyste pour un acte de virtuose, une combinaison d'activité artistique et athlétique qui, pour être bien assurée, demande souffrance et grande énergie. On appréciera les traits de la séance chez Meltzer, toute kleinienne que soit son orientation : travail, dévotion, intimité, isolement. Cette conception de la séance présente des traits de scrupulosité qui vont bien au-delà de sa durée ; y dominent la mort du désir du sujet, l'élimination de tout hasard et l'interdit de l'acte analytique.

L'acte continue à être interdit

En 1993, une analyste de l'Association psychanalytique de Buenos Aires publie un livre intitulé *La Psychanalyse, cette conjecture. Le supplice humain d'interpréter*[12], où, entre autres choses, elle critique fortement Melanie Klein, questionne son dogmatisme, son symbolisme interprétatif, sa métapsychologie. Elle interroge aussi le cadre : « Pourquoi le même cadre pour tous les patients ? […] Tous les patients, toutes les séances, toutes les minutes. » Elle proclame : « Je veux et je crois en une psychanalyse non standardisée mais originale et unique pour chaque situation. » Elle plaide pour le droit à une science libre. Témoignage contemporain d'une analyste kleinienne, qui dans l'énonciation de sa question « Pourquoi le même cadre pour tout le monde ? » maintient le cadre au-delà de son énoncé et conçoit la séance comme l'exercice maïeutique de l'analyste. La séance analytique dans l'IPA reste taboue, et l'acte analytique interdit.

II
Du côté de l'analyste

Christiane Alberti

Présence de l'analyste.
Pas sans le corps...

Si la clinique peut se définir comme rencontre de corps, Jacques Lacan subvertit les coordonnées de cette conjoncture en construisant la question de la présence dans la séance d'analyse. Le corps ne suffit pas à faire présence, mais, sans le corps, pas de présence de l'analyste.

On ne conçoit pas aisément la présence de l'analyste. Doublement ravie au registre de l'évidence sensible comme à celui de l'intelligible, elle résiste à la saisie directe et se manifeste à l'occasion dans sa dimension opaque, énigmatique.

Très tôt dans son enseignement Lacan évoque le sentiment de la présence qui saisit parfois le sujet dans la séance analytique. Au point le plus sensible et le plus significatif du transfert, l'analysant y fait l'expérience de l'actualisation de la personne de l'analyste : « Le sujet le ressent comme la brusque perception de quelque chose qui n'est pas si facile à définir, la présence[1]. » On doit au génie de Freud d'avoir transformé la butée que l'analyste vient à incarner en moyen pour l'analyse.

De l'analyste, Lacan soulignera la nécessaire présence, pas l'absence. Il opère « ni *in absentia* ni *in effigie* », mais comme présence, un corps, réel. Récurrente dans l'enseignement de Lacan, l'évocation de la présence suit le parcours de ses sanctions à l'endroit des déviations de la doctrine et de la pratique de l'analyse, là où Lacan se dédie à distinguer sévèrement le transfert de la suggestion.

Cette critique a connu une scansion importante, dans les années 50, au moment de la parution de l'ouvrage collectif *La Psychanalyse d'aujourd'hui*, avec notamment les contributions de Maurice Bouvet, dont Lacan a pris au sérieux les positions sur la situation analytique[2]. Pour notre part, nous avons retenu ici le commentaire du cas *princeps* de Bouvet, que Lacan développe dans la dernière partie du Livre V de son *Séminaire*, *Les Formations de l'inconscient*, contemporaine de la rédaction de « La direction de la cure et les principes de son pouvoir ».

La communion imaginaire

L'ensemble des travaux de Bouvet[3] témoigne de l'ampleur prise chez les post-freudiens par la relation d'objet. Les structures cliniques s'y trouvent rapportées à trois types d'organisation de la relation d'objet, qui vont du registre prégénital au registre génital. Une direction de la cure s'en déduit[4]. Tablant sur la variabilité de la relation d'objet, elle favorise les traits homosexuels du transfert et sied à merveille à la cause phallique des obsédés. L'obsédé, selon Bouvet, trouve dans les fantasmes homosexuels issus du transfert un recours contre la faible libido objectale. La cure fait l'objet d'un *working through* qui permet au sujet, après une phase d'opposition agressive et à partir de l'incorporation du phallus de l'analyste, de consentir à l'objet source de puissance. Son issue se repère au respect de l'autonomie de l'objet sous une forme partielle (cf. l'*amour partiel de l'objet* chez Abraham).

Dès lors, l'action de l'analyste consiste en un dosage subtil de la distance à l'objet. Faute de concevoir la distance structurale à l'objet, il ne reste plus qu'à aménager, selon la fameuse technique du « rapprocher », la distance entre le patient et l'analyste. La situation analytique est ramenée à une *réalité simple*, prétendument objective, dont l'analyste se fait le représentant.

Une telle déconceptualisation, remarque Lacan, engendre un « abrasement de la technique [5] », à vrai dire illimité. Dans un cas rapporté par Bouvet, avoir l'analyste dans le nez est à ce point pris à la lettre que « l'odeur *sui generis* du cabinet de l'analyste [6] » constitue le pivot identificatoire résolutif de la cure. Et il est vrai que « l'olfactif est la seule dimension qui permette de réduire à zéro la distance, cette fois dans le réel [7] ». Dans la séance analytique, selon Bouvet, l'imaginarisation de restes ou détails corporels de l'analyste règne en maître et se manifeste en particulier dans la fascination pour l'image phallique.

L'introjection du phallus revêt chez Bouvet tous les traits de la communion religieuse. Dès lors qu'est perdue de vue l'indifférence de l'objet en jeu, c'est le corps de l'analyste qui s'offre à la consommation : « Cet objet indifférent, c'est la substance de l'objet, mangez mon corps, buvez mon sang (l'évocation profanante est de leur plume). Le mystère de la Rédemption de l'analyse est dans cette effusion imaginaire dont l'analyste est l'oblat [8]. » Bouvet méconnaît qu'il ne se « consomme rien de réel dans l'analyse », si ce n'est le rien, le vide de l'objet [9].

**L'x du désir
ou le rapport au désir de l'Autre**

La première rectification proposée par Lacan vise à réintroduire le ressort symbolique du transfert. Précisons : le registre symbolique n'est pas absent chez Bouvet, mais il tend à se réduire à sa fonction purement dénotative.

Lacan propose en premier lieu de décaler la situation analytique d'une relation duelle (a-i(a)) pour la situer au niveau d'une première ligne, celle de la demande (A-s(A)). Encore faut-il saisir que Lacan propose un concept de la demande qui, loin d'être un simple mode d'expression du vœu ou du souhait, est le mode *princeps* du rapport du sujet à l'Autre, rapport doublement contraint par l'aliénation au langage et par la dépendance originaire du petit d'homme. En tant qu'il est l'Autre présent auquel le sujet s'adresse, l'analyste supporte la figure de l'Autre de la demande. Du simple fait d'être institué comme Autre, il tend « à faire se confondre la ligne du transfert et la ligne de la demande ». D'où le jugement radical de Lacan : « Nous sommes donc, au principe, nocifs [10]. »

Lacan y insiste, il ne suffit pas de l'action abstinente ou abstentionniste de l'analyste pour distinguer la ligne du transfert de celle de la suggestion. Il faut encore considérer ce qui résiste à cette confusion : l'espace du désir de l'Autre. L'appel à l'Autre implique, en effet, de « faire vivre un Autre capable de nous répondre » au lieu même de la parole. Il revêt un point d'opacité dès lors qu'il présentifie un Autre impliqué, comme le sujet, dans la dialectique du désir. Il y a en lui une inconnue, nommément son désir, qui se loge entre l'Autre lieu pur et simple du signifiant et l'Autre en tant qu'être de chair dont dépend la satisfaction de la demande.

La critique de Lacan repose donc sur la considération de cette figure bifide de l'Autre. L'analyste tend à incarner la part d'ombre de cet Autre vivant et parlant. Sa présence acquiert ainsi une dimension de réel au cœur du symbolique. Le réel du silence présentifie l'x du désir, une inconnue en tant que telle hétérogène à l'Autre du symbolique, inarticulable comme telle. Le sujet sera renvoyé aux signifiants de sa demande (ce que Lacan écrit ici « S poinçon D ») et, *in fine*, au silence de la pulsion.

Le cas célèbre de Bouvet relaté dans « Incidences thérapeutiques de la prise de conscience de l'envie de pénis dans la névrose obsessionnelle féminine[11] » est ici précieux pour ce qu'il exemplifie *a contrario* la nécessité impérieuse d'introduire un décalage entre la ligne de la demande et la ligne du transfert en ménageant la place du désir.

La thèse de Bouvet dans cet article est simple : « La prise de conscience de l'envie du pénis intervient de façon favorable sur l'évolution des phénomènes de transfert et facilite l'assouplissement du surmoi féminin infantile[12]. » L'agressivité trouve sa source essentielle dans la pulsion destructrice initiale à l'endroit de la mère.

Le cas : la patiente est dans un état d'angoisse extrême et souffre d'obsessions à thème religieux – phrases injurieuses ou scatologiques dès qu'elle désire prier. Le maniement du transfert est ramené à un don imaginaire du phallus. L'analyste permet l'incorporation du phallus, ici strictement identifié au pénis imaginé de l'analyste : « Ce phallus, absorbez-le, lui dit-il en substance, [...] c'est ce qui doit vous donner force et vigueur, c'est le quelque chose qui doit résoudre vos difficultés d'obsessionnelle[13]. »

Dans cette cure où l'analyste s'offre à être « celui qui sait, qui comprend, qui permet[14] », Bouvet invoque comme signe de la réalisation génitale l'accès à l'oblativité, autant dire le redoublement de ce qui fait le fantasme de l'obsessionnel que « l'Autre consente à son désir ». Ce qui fait dire à Lacan qu'« une partie de l'endoctrination de l'analyse est faite dans la ligne et les cheminements des vœux obsessionnels[15] ».

Remarquons dans cette observation que les fantasmes imaginaires de communion interviennent le plus souvent à la suite de pensées agressives. Ce que Bouvet interprète toujours dans le sens d'une rivalité phallique ne révèle rien d'autre que « l'angoisse que l'Autre avec A inspire de n'être pas un semblable[16] ». La demande de phallus imaginaire vise en ce sens à refouler la question du désir de l'Autre. À être rabattu sur le *penisneid*, le rapport au phallus restera inélucidé, la question essentielle, mais négligée par Bouvet, étant pour le sujet de savoir s'il est ou n'est pas l'objet du désir de la mère, « avec ce que cela comporte, c'est-à-dire de déduire ce qui est mais inconnu ».

Un des symptômes de la patiente de Bouvet convoque cette problématique. À la place de l'hostie elle se représente, imaginativement – Bouvet précise bien qu'il ne s'agit pas d'hallucinations –, des organes génitaux masculins. Elle substitue au Christ en tant que *logos* incarné le signifiant privilégié qui sert à désigner l'effet du signifiant sur le signifié, la blessure qu'opère l'ensemble du signifiant sur la vie. Lacan reviendra à plusieurs reprises sur cette conjonction somme toute surréaliste : c'est toujours au niveau du symbole de l'incarnation du Verbe que la patiente fait apparaître le signifiant phallus.

Le symptôme de cette patiente illustre dans le fond le mouvement d'inscription du phallus dans l'Autre, qui modifie la nature de cet Autre. C'est bien là toute la problématique de l'obsessionnel que de devoir admettre la présence du désir dans l'Autre, autrement dit de « faire aller ensemble ce double statut de l'Autre », « le partenaire qui parle et le partenaire comme chair, comme objet de désir »[17].

Présence réelle
versus incorporation imaginaire

Montrer au sujet obsessionnel son rapport au phallus imaginaire ne suffit point. Il convient de considérer la prise du signifiant phallus dans le transfert. Après quelques mois d'analyse, la patiente rapporte : « J'ai rêvé que j'écrasais la tête du Christ à coups de pied, et cette tête ressemblait à la vôtre », fantaisie qu'elle associe à l'obsession suivante : « Je passe chaque matin pour me rendre à mon travail devant un magasin de Pompes funèbres, où sont exposés quatre christs. En les regardant, j'ai la sensation de marcher sur leur verge.

J'éprouve une sorte de plaisir aigu et de l'angoisse »[18]. L'agressivité adressée à l'analyste ne le vise pas en tant que porteur du phallus. S'il est identifié au phallus, nous fait remarquer Lacan, c'est en tant qu'il incarne, à ce moment du transfert, l'effet du signifiant sur le sujet.

Dans le Livre VIII de son *Séminaire*, *Le Transfert*, Lacan reviendra quelques années plus tard sur le cas de Bouvet en soulignant la tentative d'« incarnation désirante » propre à la névrose obsessionnelle : il s'agit au fond de réduire, briser, la présence du désir en dégradant l'Autre pour le ramener au rang d'objet ou d'autre instrumentalisme. L'agressivité s'y présente toujours comme agression envers la « phallophanie » de l'Autre. Non pas abolition de l'objet du désir, mais rejet du signe du désir de l'Autre.

Lacan voit en effet dans le piétinement de la figure du Christ une insulte à la présence réelle. Le symbole de ce qui vient à la place du signifiant manquant, Φ, a ceci d'insupportable, dans sa forme dévoilée, qu'il n'est pas simplement signe et signifiant mais présence du désir comme telle. Autrement dit, rien qui soit signifiable directement : « C'est la présence réelle[19]. » C'est pourquoi, dans la névrose obsessionnelle, le voile du phallicisme est déployé afin de masquer la présence réelle qui surgit entre les signifiants. C'est en référence explicite au dogme catholique et apostolique de l'eucharistie que Lacan nourrit sa lecture de la phénoménologie de l'obsessionnel. Ce sacrement ne commémore pas, ne figure pas : le corps du Christ, entre corps glorieux et corps mystique, est là présent réellement. L'eucharistie doit précisément son efficacité au fait de marquer son mystère d'une touche de réel, au-delà de l'incorporation signifiante, au-delà de ce qui se consomme.

En résumé, dans le commentaire du *Séminaire V*, la rectification proposée par Lacan dans le champ symbolique appelle l'analyste à opérer à partir de cette place (nommée, à ce moment-là de l'enseignement de Lacan, signifiant de l'Autre barré en relation avec le signifiant phallique), qui fait surgir la dimension réelle de la présence. Il y a un os réel à l'amour de transfert, c'est la présence de l'analyste. Le corps n'est pas ici le corps de l'image, mais le corps comme pierre réelle dans les rets du symbolique. Cette première rectification introduit donc dès l'abord un réel, sous les espèces d'un x, qui se déduit par soustraction du symbolique. Elle n'en est pas moins indicative d'une logique pas toute signifiante qui nous met sur la voie de la part proprement réelle que l'analyste se doit d'incarner, en lien avec l'ab-sens du sexe et la mise en acte de la réalité sexuelle de l'inconscient. La présence réelle *versus* l'incorporation imaginaire ne sera donc pas le dernier mot de l'enseignement de Lacan sur la présence de l'analyste. Il donnera à cet x un autre statut pour en faire un opérateur dans la cure et non plus un reste : la résistance que présente l'analyste comme semblant d'objet.

Grande métaphore et petite métonymie : la séance aujourd'hui

Lacan a donc procédé à une première rectification revendiquée qui procède de la « grande métaphore » déployée avec éclat le long de ce *Séminaire*. Bouvet, lui, méconnaît le signifiant du phallus, en tant que signifié du désir de la mère : à réduire le phallus à un objet imaginaire, à en faire un objet d'échange, il induit un *acting out* chez la patiente qui lui adresse son fils – soit, selon l'interprétation de Lacan, « un prêté pour un rendu ». Il n'est pas douteux qu'un bougé au niveau de l'identification au phallus ait été obtenu : « Au fond il ne s'était passé rien d'autre que cette révélation du désir de pénis, et *du sens de ce désir*[20]. » Lacan dira que l'analyste le lui a rendu légitime. Mais Bouvet reste en peine pour appréhender le phallus comme opérateur de l'échange, soit le phallus comme signifiant. L'*acting out* révèle que le phallus circule, mais dans l'imaginaire comme objet (y compris dans sa valence concrète). Or ce n'est qu'à laisser vide la place du phallus, pour qu'il redevienne le signifiant du manque, que la patiente est susceptible d'en faire usage.

La critique de Lacan est pleine de son effort pour avancer une logique métaphorique : le phallus qui se substitue au *logos* incarné est à l'image de la grande métaphore. Cependant elle ouvre la voie d'une autre perspective, dans le chapitre que Jacques-Alain Miller a intitulé «Une sortie par le symptôme». Lacan y relève que le sujet n'est nullement débarrassé de ses obsessions mais seulement de la culpabilité attenante. Il s'arrête en particulier sur le fait que les symptômes de profanation persistent, et notamment les obsessions verbales telles que les blasphèmes. Selon la «petite théorie» qu'il en propose, le blasphème fait déchoir un signifiant éminent en rapport avec le Père au rang d'objet : «Il identifie en quelque sorte le *logos* à son effet métonymique, il le fait tomber d'un cran [21].» Lacan distingue donc d'une part l'invocation d'un Autre et d'autre part cet effet déchu du signifiant, effet métonymique auquel le sacrilège tend à le réduire. Dans le blasphème, c'est l'objet «voix» qui est là, prêt à jaillir. Ce que les obsessions se vouent à faire taire, c'est la voix comme objet indicible, l'irruption de la pure saloperie sans nom [22]. Le blasphème fait surgir la voix, qui prend le dessus tandis que l'insulte l'indexe aussitôt.

De façon plus latérale, Lacan semble procéder ainsi à une seconde rectification, moins flamboyante que la correction par le symbolique. Bien qu'il en minimise la portée, il dessine, par touches successives, un contrepoint à la logique de la métaphore dont il semble tracer les linéaments, notamment dans son commentaire du *Witz* «famillionnaire».

Lacan y insiste, l'essentiel réside dans l'effet de sens produit par la substitution signifiante où s'instaure l'acte de la métaphore. Mais, d'une façon hétérogène à la visée du sens ironique et satirique, il relève « dans les contrecoups du phénomène » la chute d'un objet nouveau : le *famillionnaire*, à inscrire plutôt du côté du non-sens, est la dérision du millionnaire, *son* millionnaire à Hirsch Hyacinthe. Cet objet qui le possède plus qu'il ne le possède tend à s'incarner dans le *fat-millionnaire* (le *Millionnarr* de Heine), personnage dérisoire et absurde, en quelque sorte un *être verbal*, selon le mot de Lacan, tout près de s'animer. La substitution signifiante a pour effet de produire un sens nouveau, mais elle entraîne également le surgissement de la chose métonymique, avec toutes les décompositions signifiantes, *étincelles, éclaboussures*, qui pullulent autour de *famillionnaire* : *fames, fama, infamie, fat-millionnaire*, etc. Tout en valorisant l'effet métaphorique, Lacan prend donc le soin de démarquer l'émergence de la chose métonymique qui ne s'attrape que par contiguïté, à partir de ses débris. En d'autres termes, il y a ce qui est refoulé et il y a l'expérience de jouissance. C'est la douleur et la haine que Heine a accumulées envers son oncle qui l'ont empêché d'épouser sa cousine, qui vibrent dans le néologisme *famillionnaire*. L'invention signifiante transporte à jamais cette expérience de jouissance, la lettre (le « t » de *fat-millionnaire*) permettant de l'indexer, de la lester à la faveur d'un traitement par contiguïté, solution non métaphorique qui fait surgir dans le fat-millionnaire le partenaire de jouissance. Chutes de sens, éclaboussures, déconstructions du signifiant « constituent son rayonnement, son poids [23] », en d'autres termes sa valeur de jouissance, si l'on suit l'opposition entre le sens et la valeur que Lacan propose ici. Tout en procédant du signifiant, les débris de l'objet ne s'y réduisent pas.

La thèse de Lacan : « Chaque fois que nous avons affaire à une formation de l'inconscient, nous devons systématiquement chercher ce que j'ai appelé les débris de l'objet métonymique [24] », ne dessine-t-elle pour la séance d'aujourd'hui pas tant une anticipation qu'une interrogation sur la question de la présence. Il ne suffit pas de penser la logique métaphorique de la présence, il faut encore interroger si ce point de vue de la présence sature ce que la psychanalyse est aujourd'hui. En un sens, Lacan ouvre ici une perspective susceptible de diriger notre attention vers une autre logique, qui obéit à la métonymie de la jouissance [25], logique propre au chiffrage de l'inconscient et aussi bien au mode de jouir de l'inconscient.

Si l'élaboration du transfert chez Freud répond à une double détermination du désir hystérique et du désir de Freud, la névrose obsessionnelle est ici remise à l'honneur pour ce qu'elle permet d'interroger la « petite métonymie » comme conditionnant la « grande métaphore », une causalité métonymique selon l'expression de Jacques-Alain Miller.

Massimo Recalcati

La survivance de l'analyste

« L'essentiel est que l'analyste survive. »
D. W. Winnicott

Que se passe-t-il d'essentiel dans une séance analytique ? Essayons de poser cette question du côté de l'analyste.

Du côté de l'analyste

Cette question est décisive, à voir la manière dont certains développements récents de la psychanalyse qui se dit post-freudienne tendent à déplier le temps d'une séance : l'analyste y devient une sorte de supplément (manqué) de l'élaboration de l'analysant. De là une totale évaporation du cas clinique, qui se voit réduit aux fantaisies, rêves et impressions les plus diverses qu'il suscite chez l'analyste[1]. Ainsi, l'analyste se transforme en une sorte de second analysant par l'intermédiaire de son analysant. Et ce d'autant plus subtilement que la théorisation se réfère au concept de champ, par où une séance analytique se réduit en un mouvement indifférencié de vecteurs, de courants, de tensions, dans lequel l'asymétrie de la relation analytique se voit dissoute dans la plus parfaite homogénéité imaginaire[2].

Alors que Lacan a introduit la pratique de la séance à durée variable pour déplier au mieux l'espace du travail du sujet (là où il s'institue comme analysant), nous assistons encore aujourd'hui à un déploiement inversé du temps de la séance, qui s'étend indéfiniment dans ladite «pensée» de l'analyste. Le maintien de la durée standard et l'exigence conservatrice et formelle du *setting* ont ainsi produit leur effet symptomatique (retour du refoulé) dans l'imaginarisation de la séance, qui en vient à coïncider purement et simplement avec la vie de l'analyste.

«Rester vivant, en bonne forme, éveillé»

C'est ainsi que Winnicott définit la tache de l'analyste dans l'expérience quotidienne de la pratique de la psychanalyse : «Lorsque je pratique la psychanalyse, je vise à rester vivant, en bonne forme, éveillé[3].»

Il s'agit, comme on le voit, d'une réduction *ad minimum* de la fonction de l'analyste. Se bien porter et être éveillé sont deux déclinaisons du fait de «rester vivant». Elles expriment qu'un minimum vital doit être assuré : «être en vie» est la condition minimale que l'analyste doit garantir durant une séance.

Que se passe-t-il donc d'essentiel dans une séance analytique du côté de l'analyste? Winnicott répond que l'essentiel dans une séance n'est ni de comprendre, ni d'interpréter, ni de chercher dans la dimension du faire, mais que l'analyste survive[4]. Tel est en dernière instance l'os de l'enjeu qui se renouvelle à chaque séance au cours d'une analyse.

La survivance de l'analyste à laquelle se réfère Winnicott ne doit pas être comprise comme l'expression d'une résistance de l'analyste, ni comme une réponse imaginaire en termes de contre-transfert aux assauts agressifs du patient. Dans la perspective de Winnicott, l'analyste est animé d'une générosité paradoxale (dont la traduction par « oblativité affective » ne rend pas pleinement raison). En effet, l'analyste s'offre, se propose comme objet à détruire, afin de montrer au sujet que l'intention agressive dont il est animé ne viendra jamais à bout de l'altérité propre de l'objet. En termes lacaniens, la survivance de l'analyste relève non pas de la tactique, mais de la stratégie : elle concerne, dans la perspective de Winnicott, la position de l'analyste dans le transfert en tant que décisive pour produire l'opération de séparation, c'est-à-dire de constitution de l'objet comme détaché de la série des identifications et des « projections mentales » du sujet [5].

Survivre à la haine

Winnicott et Lacan partagent l'idée que la triade frustration-régression-agressivité ne suffit pas à rendre compte de la haine comme « passion de l'être », qui ne saurait se réduire à un effet de la frustration ni à une réaction subjective résultant de la confrontation au principe de réalité [6]. Dès le début de son enseignement, Lacan rapporte l'agressivité à la matrice du stade du miroir et de ses avatars, donc à un temps constitutif de l'être du sujet. Winnicott, pour sa part, fait l'hypothèse d'une tendance à la destruction en mesure de constituer l'« extériorité » de l'objet [7].

Qu'entendre par cette « extériorité » ? Winnicott élabore une théorie de l'objet qui valorise la déclinaison symbolique de la haine. La haine est irréductible à l'agressivité imaginaire, parce qu'elle se situe au fondement même de la réalité. Tel est le caractère symbolique de l'*Ausstossung* de Freud : mouvement d'expulsion, d'extériorisation, de répulsion originaire du sujet-organisme, qui institue un refoulement originaire au niveau du corps comme principe de constitution de la réalité.

Winnicott reprend à sa manière l'indication de Freud : « Ma thèse est que la destruction a un rôle dans la constitution de la réalité, en plaçant l'objet hors du soi[8]. » Pour pouvoir se servir de l'objet (pour le rencontrer dans les diverses modalités de l'objet de désir, d'amour et de jouissance), il faut d'abord le détruire. La destruction rend possible l'usage de l'objet. La condition de possibilité de cet usage réside dans l'extériorité propre de l'objet, dans son irréductibilité aux projections imaginaires du sujet. L'extériorité de l'objet procède donc de la destruction, elle est le produit symbolique de la haine. Il s'agit là de la genèse d'un « objet objectif », au sens non d'une objectivité naturelle mais de l'objectivité comme altérité.

La condition qui assure le passage de la relation imaginaire à l'objet à la possibilité de son usage par la destruction réside dans sa survivance. En survivant, l'objet révèle son extériorité par rapport aux projections imaginaires (agression, rétorsion, érotisation).

La survivance de l'analyste s'offre comme support de l'objet irréductible au jeu imaginaire de l'agressivité et de l'érotisation. Séance après séance, elle s'indique de sa permanence, chaque fois, derrière la porte. Elle est l'indice d'une consistance réelle de l'analyste. « Comment l'analyste fait-il pour survivre ? » est une question souvent posée sur le désir de l'analyste dans les séances.

La psychose met particulièrement bien en évidence cette modalité du transfert. Une de mes patientes, psychotique, eut au cours d'une séance un accès de colère. Elle tentait ainsi, en l'extériorisant, de traiter le caractère persécuteur et outrageant d'une voix impérative qui la tourmentait ; elle essayait par ce passage à l'acte verbal de se séparer de la voix. Les insultes et les menaces que la voix lui adressait se trouvaient maintenant lancées contre son analyste. Ce point, dramatique et d'impasse dans la cure, n'en indique pas moins le travail du sujet : remettre cette voix à l'analyste, extérioriser son objet *a*. La réduction progressive de cet excès imaginaire par le biais d'une autre modalité de traitement de la voix a conduit ma patiente à se faire du souci pour moi (comme dirait Winnicott)[9]. Elle me demande chaque fois si je peux, sans dommages, garder sa voix : « Vous arrivez à la garder avec vous, docteur ? » est le refrain qui conclut chaque séance.

Dans le transfert psychotique, en effet, la survivance de l'analyste doit pouvoir se vérifier à chaque séance. Dans la clinique des névroses, au contraire, le principe de la survivance de l'analyste maintient l'obsessionnel en éveil et cause le désir de l'hystérique. Dans le premier cas, elle brise l'idéalisation de la mortification signifiante, tandis que dans le second elle est le gardien de la vitalité du désir. Enfin, dans la perversion, cette survivance marque l'extériorité de l'analyste aux tentatives de transfert que fait le sujet pour l'inclure dans la scène où il trouve sa jouissance. L'anorexique peut produire une version particulière de cette stratégie : elle tente de renverser l'extériorité de l'objet en essayant de susciter chez l'analyste une angoisse sur sa survivance à elle. Sa manière de détruire l'objet, pour reprendre les termes de Winnicott, consiste à se faire objet d'angoisse pour l'Autre. D'où la nécessité pour l'analyste de survivre à l'angoisse pour la survie effective du sujet.

Cadavérisation et survivance

L'objet qu'incarne l'analyste doit, selon la thèse de Winnicott, « pouvoir être toujours en train d'être détruit[10] ». Il doit l'être chaque fois, mais chaque fois il doit être retrouvé comme ayant survécu. La séance analytique est la rencontre avec ce pousse-à-la-destruction et ce « plus de vie » résiduel de l'analyste (indestructible, comme le désir freudien). La thèse de la survivance de l'analyste dépasse le cadre classique de l'analyste support, contenant, ayant une fonction de *holding*. Cette thèse met en relief ce que Lacan définit comme l'« acte inaugural du drame analytique [11] », à savoir le transfert négatif.

L'analyste mobilise le transfert négatif en tant que x perturbateur de l'équilibre du symptôme en syntonie avec l'ego. Le transfert négatif est en rapport direct avec l'être de l'analyste plus qu'avec son savoir. Dans son extériorité, l'être de l'analyste – assuré du « plus de vie » de sa survivance – suscite l'hostilité en tant que « lieu de l'aliénation » du sujet [12].

Si l'amour, dans le mouvement symbolique du transfert, s'adresse au savoir, la passion de la haine, elle, investit l'être : l'analyste alors n'est pas en place de sujet-supposé-savoir mais de sujet-supposé-survivre.

Maintenir un « plus de vie » en réponse à la passion de la haine conduit Winnicott à autoriser l'analyste à la haine. En haïssant, l'analyste témoigne de sa vitalité, de l'irréductibilité de son être à l'objet détruit, de sa position « hors de l'aire des phénomènes subjectifs » (imaginaires) [13]. En reconnaissant sa haine (comme la « mère suffisamment bonne » pour son enfant), l'analyste peut garantir sa propre survivance à l'analysant. Le simple fait qu'une séance a une fin indique, selon Winnicott, une modalité où s'exprime la haine de l'analyste [14].

Cette formule évidemment paradoxale est intéressante car elle permet de saisir dans l'arrêt de la séance non pas la scansion signifiante répondant aux indications qu'en donne Lacan dans « Fonction et champ de la parole et du langage en psychanalyse », mais la rencontre avec un réel excentrique au sens. La référence que Winnicott fait à la haine de l'analyste doit être entendue comme la manifestation d'une altérité irréductible aux « projections imaginaires ». La fin d'une séance – et d'autant plus dans la pratique lacanienne des séances à durée variable – rend sensible ce que comportent d'ingouvernable l'objet et la rencontre contingente avec la nécessité de la structure. La survivance de l'analyste s'incarne dans son corps, mais elle est un fait de structure. Elle rend possible la rencontre du sujet avec le réel de la pulsion de mort, puisque, comme l'écrit Freud, la pulsion de mort est cette part de la pulsion qui ne s'extériorise pas dans le mouvement de négation, de destruction de l'autre, mais réside dans le sujet et lui demeure intime[15].

La thèse winnicottienne de la survivance de l'analyste comme le plus essentiel de la séance semble contredire la définition lacanienne de la position de l'analyste comme cadavérisée. Lorsque Lacan insiste sur la dimension ascétique de la position de l'analyste – sur la nécessité de sa cadavérisation –, dit-il quelque chose de très différent de l'analyste survivant? Quel est le rapport de la survivance et de la cadavérisation en tant que conditions et restes de l'opération de séparation?

La cadavérisation indique précisément l'exigence d'une réduction *a minima* de la présence (imaginaire) de l'analyste, qui s'incarne dans un mouvement d'ascèse progressive. L'analyste cadavérisé n'en est pas moins l'analyste qui survit, au sens où il survit à chaque séance à sa propre cadavérisation. La cadavérisation ne doit jamais annuler le « plus de vie » qui concerne le réel de l'analyste. Sa tâche essentielle est de ne pas s'identifier au mort, mais de survivre au principe même de la cadavérisation que la structure comme telle du dispositif exige.

Graciela Esperanza

Présence d'un désir

« Que faites-vous là ? » Cette question, adressée aux psychanalystes, c'est celle, comme l'a dit Jacques Lacan dans sa « Conférence à Genève [1] », qui l'a accompagné depuis ses débuts en psychanalyse. Centrer aujourd'hui sur la séance analytique cette interpellation visant ce que fait le psychanalyste – l'efficace de sa pratique, qui est éthique – pour en définir la structure me permet de poursuivre l'interrogation sur les conséquences de la psychanalyse, comme il convient à un mouvement qui s'étaie d'une orientation. Ma problématique abordera la séance de façon à en produire les coordonnées à partir de ce qui s'y articule.

La séance analytique comme rencontre

En premier lieu, une séance analytique est chacune des rencontres entre un analysant et un analyste qui font une série au cours d'une analyse – ce sont des unités temporelles [2] ; elles se déroulent en un lieu et en un temps déterminés, selon des règles minimales établies sans dogmatisme – le pacte est aussi laïque que possible [3] –, une analyse n'étant ni une expérience mystique, ni une initiation, ni une communication effusive [4].

En deuxième lieu, ces rencontres ont lieu indépendamment de toute préparation ou concentration préalable, selon une disposition aussi libre que possible, pour ne pas perturber l'application de la règle fondamentale. Il est souhaitable qu'elles s'inscrivent dans une entreprise dont le présupposé majeur est ce que Lacan appelle un *matter of fact*[5].

En troisième lieu, la séance analytique se nourrit d'un paradoxe inéliminable : la présence réelle exigée pour cette rencontre, sans laquelle la séance analytique n'a pas de corps, se soumet rigoureusement à un unique moyen, la parole. Le corps est exclu de toute satisfaction. La relation à deux instituée dans l'automaton sériel des séances répond à l'impossibilité du rapport sexuel.

En quatrième lieu, la séance analytique met en œuvre une autre disjonction, qui concerne non plus le corps et la parole, mais l'être et la pensée[6].

En cinquième lieu, la séance analytique est l'artifice propre à produire ce que met en jeu le discours analytique, à faire apparaître dans la parole l'effet majeur du champ du langage, la jouissance.

La séance et l'inconscient

La séance analytique concerne l'Autre scène, la scène inconsciente qui supporte la réalité de la séance (c'est ainsi que je comprends l'expression de Lacan, *matter of fact*), où l'inconscient et non l'analyste répond au lieu de l'Autre, ce qui revient à supposer un sujet au savoir inconscient. Le transfert donne aux dires de l'analysant une signification d'inconscient[7]. Le signifiant du transfert, qui la comporte, fournit la métonymie transférentielle[8]. L'inconscient accomplit son travail dans les dires de l'analysant ; il livre dans l'équivoque sa lecture, son interprétation, ses faux pas et la méprise essentielle du sujet : l'amour. L'analyse rend compte, au début, de la connexion inconscient-transfert, et de ce que l'inconscient, par sa méprise, est voué à démentir : le sujet supposé savoir [9].

Une fois dites les conditions du travail d'interprétation de l'inconscient sous transfert, reste à ajuster la logique de la séance analytique pour qu'elle ne se perpétue pas en une réplique de l'inconscient. Il lui faut, au contraire, servir de support à l'expérience analytique, pour que s'y opère le passage du nouage inconscient-transfert au nouage inconscient-symptôme, passage qui va du sens du symptôme à son ex-sistence réelle. Le *vel* exclusif que Jacques-Alain Miller déplie dans « Donc : "Sssh..." » détoure clairement son orientation : « Ou bien la séance analytique est une unité sémantique, dans laquelle le S_2 vient servir de ponctuation dans l'élaboration – délire au service du Nom-du-Père – ... Ou bien la séance analytique est une unité asémantique qui renvoie le sujet à l'opacité de sa jouissance. » Ce « ou bien... ou bien » peut se lire comme « ou bien inconscient... ou bien discours analytique ». « Ou bien Nom-du-Père... ou bien ouverture à sa pluralisation. »

La séance et la pulsion

Ayant admis le « ou bien... ou bien » comme choix forcé, je caractériserais la séance analytique comme une occasion à produire. La séance analytique est réduction, et, par là, elle est antilinguistique [10]. La fiction qu'introduit l'association libre constitue le cadre adéquat pour le développement du pouvoir sémantique de la parole. La règle fondamentale de l'analyse se fait complice de ce pouvoir en donnant lieu à un « cela veut dire quelque chose au-delà de ce que cela dit », en disjoignant signifiant et signifié. Cette disjonction, à défaire les significations établies de façon univoque, libère la fuite du sens et ouvre la parole à tous les sens. Porter atteinte à cette complicité force la parole dans une direction autre que la fixité de la signification et que la recherche du sens qui toujours fuit. Antilinguistique est la séance analytique, dans la mesure où l'analyste objecte à l'amplification signifiante et effectue sa réduction [11] en poussant à la perte de cette signification inconsciente qui, en tant que telle, laisse le sujet en suspens.

La séance analytique est suture

La séance analytique comme suture est logique [12]. L'opération de réduction, par son incidence sur la signification, rend possible une autre fonction de la parole : la résonance. La résonance de la parole dans la parole, c'est ce dont dispose la parole pour faire entendre autre chose que ce qu'elle signifie, pour faire entendre autre chose dans ce qu'elle dit. Occasion de précipiter une expérience dans laquelle l'universel du langage se révèle faux. Dans la résonance de la parole, dans ce qu'elle ne dit pas, et au-delà de ce qu'elle veut dire, dans ce qu'elle laisse entendre, là, dans cette suture, tombe l'opacité en quoi consiste la jouissance. Cette suture est solidaire, pour l'analyste, d'une logique qui articule deux dimensions hétérogènes, celle de l'inconscient comme échec de la signification et ce qui, de la pulsion, se satisfait toujours, au-delà de la signification fantasmatique. Entre ces deux dimensions hétérogènes se situe la place que l'analyste est appelé à occuper, dédoublée entre support d'une présence énigmatique [13] et coupure à réaliser. Je place dans cette suture hétérogène entre corps et trait, « dans cette tension entre la parole et l'objet [14] », la nécessité logique de l'a-coupure de la séance, qu'indique le point suivant.

La séance analytique est coupure

La séance analytique comme coupure est topologique[15]. « Donner la préférence à l'inconscient peut faire que ça s'arrange un peu mieux pour ce qui est de la vie de chacun[16] », mais cela est fondamentalement différent de ce que l'on peut attendre d'une psychanalyse : la coupure dont il s'agit dans chaque cas est décisive. Lacan nous apprend que la fonction du désir de l'analyste ne consiste pas à savoir tailler certaines figures. Il ne suffit pas de savoir couper, il faut encore que la coupure soit la bonne, car tout, dans le champ de l'analyse, dépend de l'efficace de la bonne coupure : « Celui qui sait ouvrir avec une paire de ciseaux l'objet a de la bonne façon, celui-là est le maître du désir[17]. » Désir de l'analyste qui coupe, est aussi produit de la coupure. Quelle est la bonne coupure ? Une bonne coupure est topologique, parce qu'elle est antilinguistique : elle travaille avec le signifiant contre le signifiant non seulement en vidant le langage de signification, en a-sémantisant le signifiant, mais, pour devenir trait, en faisant terre du littoral[18]. Une bonne coupure indique et sépare l'hétérogène d'une signification toujours en échec, - φ, et d'une satisfaction toujours présente, a. Manifestation du désir de l'analyste comme « désir de mettre à nu la jouissance du sujet[19] », elle fait d'une rencontre entre un psychanalysant et un psychanalyste une séance analytique. La coupure met fin à la séance en l'a-coupant. La coupure qui réalise la suture en la défaisant indique non un sujet comme effet aphanisique de l'entre-deux-signifiants, mais un sujet qui se divise en acte entre ce qu'il dit et ce qu'il entend, un sujet divisé par un trait qui cesse de ne pas s'écrire. Cela nous conduit au dernier point.

DU CÔTÉ DE L'ANALYSTE

La séance est féminine

Elle est féminine « parce qu'elle participe du Un, en n'étant pas plus d'une [20] », et donc exceptionnelle. Elle participe du Un dans la mesure où elle est rencontre répétée avec l'inconscient sous transfert, mais se compte comme une si elle parvient à ce qui, en chaque analysant comme parlêtre, résiste à être cédé. Chaque séance sera alors une rencontre entre ce qui se dit et ce qui n'était pas attendu. Rencontre contingente qui ordonne, avec la coupure, une temporalité inédite, un après qui constitue un avant, déjà second, et qui ne pourra être lu que dans l'*a posteriori* de la cure, dans la mesure où il pousse à la transmission : qu'il y ait une autre séance. Donc, une séance analytique ne peut admettre le standard, sauf à se méconnaître comme événement orienté, à partir du réel, vers le réel. De chaque séance, réduction, suture, coupure et désir de l'analyste soutiennent l'effectuation comme une.

Guillermo Cavallero

Le désir de l'analyste

Le désir de l'analyste est conceptualisé dans l'enseignement de Lacan à partir de la clinique, et fonde la politique analytique. Dans sa dispute avec l'IPA sur les séances courtes, Lacan prend son départ du réel en jeu dans l'expérience, qui conduit à inventer l'objet *a* et à penser ce qu'il en est du désir de l'analyste et de sa formation. L'enjeu du différend entre Lacan et l'IPA n'est pas la technique, mais la psychanalyse même.

Fonction et place

La place du désir de l'analyste est fondamentalement impliquée dans sa formation, qui rejette toute tentative de voiler le réel par le Nom du père. Le pari de Lacan a des résonances dans la triade de la psychanalyse, « clinique-science-politique », qu'ordonne Jacques-Alain Miller, résonances qui vont de son excommunication à la « Proposition de 1967 » et au « Discours à l'EFP ». Les résonances de ce pari orienté par le réel de la psychanalyse restent actuelles.

Quant à la formation, le désir de l'analyste a une double incidence : sur l'analysant et sur l'analyste, puisqu'il fonctionne « à l'encontre de la jouissance du sujet qui essaye d'incarner la fonction analytique[1] ».

Quant à la séance, il l'établit et la structure plus qu'il n'en est l'opérateur. La séance ne se concevant qu'articulée au transfert, le désir de l'analyste met en place les éléments de la structure qui orientent le sujet, « en se disant dans l'analyse [2] » – par exemple, l'ouverture et la fermeture de l'inconscient. Son opération vise à faire émerger le sujet dans son rapport au réel, quand l'analysant rencontre un obstacle aux détours de son discours, de sorte que s'écrive « quelque chose qui va plus loin que l'inconscient [3] ».

En tant qu'opérateur de la séance, y compris au sens technique, le désir de l'analyste est subordonné à la structure. C'est cette relation qui lui assigne une fonction de support de l'articulation de la demande à la pulsion. Le désir de l'analyste « isole l'objet a, le met à la plus grande distance possible de l'idéal [4] ». Cette fonction répond à un fait de structure, où l'idéal ne parvient jamais à voiler complètement le réel de l'objet. Le désir de l'analyste est chaque fois « le désir de ne pas être le père, de ne pas anéantir la différence [5] ». C'est en ce sens qu'il est une fonction qui supporte les opérations visant le réel dans l'expérience.

Que cette production du réel s'obtienne à partir de la fonction du désir de l'analyste, dans les obstacles du discours, implique qu'elle ne va pas sans la série des séances, dont chacune rend possible sa consistance à un moment donné. Selon l'élaboration développée à plusieurs reprises par Jacques-Alain Miller, l'*etc.* de la série ne peut s'écrire d'emblée, chacun des éléments antérieurs est nécessaire pour que cet *etc.* lui-même prenne consistance.

La structure

La structure de la séance répond à celle de l'inconscient, qui prend forme à l'entrée en analyse par l'intermédiaire du désir de l'analyste qui la fonde. La fonction pulsative de l'inconscient suppose des temps d'ouverture et de fermeture, les temps logiques de l'aliénation et de la séparation, où se manifeste sa relation avec le réel de la pulsion, avec un au-delà de l'inconscient.

La fonction du désir de l'analyste met en jeu cette logique temporelle, corrélative à la structure de la séance, à maintenir ouverte la béance qui raccorde au réel. À l'horizon, elle extrait donc un élément qui, de son irréductibilité au sens, émerge comme réel, et démontre que le sens fixé dans le fantasme n'est pas un destin pour la pulsion. À cet égard, « ce n'est pas que le sujet se libère des pulsions, mais bien que les pulsions se libèrent d'un trajet fixe [6] ». Que la structure temporelle de la séance soit ainsi liée à la relation entre désir de l'analyste et pulsion déplace la question chronométrique du temps de la séance et met en relief l'articulation temps-ouverture-fermeture-pulsion. La suspension de la séance est liée « à la trame du discours, y joue le rôle d'une scansion qui a toute la valeur d'une intervention pour précipiter les moments concluants [7] », autrement dit la scansion détermine le terme de la séance.

Ce point s'articule au temps de l'analyse, à la problématique transférentielle. « Le temps de la séance est le désir de l'analyste [8] », ai-je soutenu, dans la mesure où cette fonction pose ce point de suspension, qui ne se vérifie qu'*a posteriori*. Ainsi peut-on dire que le temps même de la séance est réel, en tant que libéré de la mesure. À être liée au réel, la structure de la séance exclut le cérémonial, mais non « l'ensemble de règles qui déterminent la réalisation d'une expérience », « dont on peut espérer l'accès à un réel, le passage du protocole du cérémonial au protocole de l'expérience » [9].

Deux opérations

Dans chaque séance, le désir de l'analyste comme opérateur, subordonné à la structure, est diversement mis en jeu : interprétation, coupure, silence, forçage, et toutes autres opérations visant la cause de la division du sujet dont le caractère asémantique justifie qu'on les mette en série. Je relèverai deux d'entre elles.

L'opération de *coupure*, double, car elle vise dans un même mouvement la béance de la demande et du désir. Au cours de toute séance, est visé le point où le signifiant ne renvoie pas au sens cherché dans la demande. Là, se vérifie l'irréductible de la relation du sujet au langage. Ainsi se voit convoquée la cause, articulant la pulsion à la demande, que sépare le transfert.

L'opération de *forçage*, en jeu dans chaque séance puisque « c'est par le forçage qu'un psychanalyste peut faire résonner autre chose que le sens [10] », une dimension autre que celle, protectrice et endormante, du discours. Un discours n'endort pas quand on ne le comprend pas. « Le réveil, c'est le réel sous son aspect de l'impossible qui ne s'écrit que par force [11]. » Relation, donc, entre le forçage et ce qui s'écrit.

Vignette

Cette femme qui, enfant, a été abandonnée par son père passe sa vie dans l'attente de l'homme qui ne la quittera pas. Son discours répète sa demande : « J'attends et l'autre me chie. »

Séance après séance, la faire attendre avant d'entrer dans mon bureau, pour des raisons contingentes ou pas, inscrit l'analyste dans la série et lui permet de déplier sa demande et ses points d'inconsistance. La coupure de la séance sur ces mêmes points et le silence comme réponse résorbent le sens, par un forçage car « contre nature [12] » à l'endroit du sens. Cette opération, au terme de trois ans, débouche sur un souvenir infantile : celui du plaisir qu'elle éprouvait, alors qu'elle avait trois ans et que son père vivait encore avec elle et sa mère, d'appeler cette dernière et de l'attendre dans son bain en faisant ses besoins.

Cette satisfaction liée à l'attente déplace le sens et met en relief la jouissance qu'elle obtient de cette attente. Au cours des séances se produit, grâce à la coupure qui combine demande et désir, une réduction qui annule le sens, et commence à être située et mise à distance la jouissance de son fantasme. Peut alors prendre consistance un élément qui supporte tous les sens de la demande. Cette réduction permettra finalement leur séparation. Ces deux opérations ne relèvent pas de la technique – qui n'est pas pour autant absente –, mais reposent sur ce désir qui implique que, pour être cause du désir de l'analysant, « l'analyste doit se fermer à son propre inconscient [13] ».

L'articulation entre ces opérations et la structure de la séance conduit à un troisième point.

Résultat

Il consiste dans un effet lié à l'expérience du réel : atteindre le symptôme comme réel, obtenir un destin de la pulsion qui ne soit pas fixé au fantasme. Il ne s'obtient pas sans les séances précédentes.

Il peut être nommé de deux façons.

En premier lieu, comme l'écrit. Le réel, c'est ce dont on n'a pas idée, sauf celle qui s'obtient par l'écriture, par « cette trace de l'écrit[14] ». L'écrit surgit de l'opération de forçage qui, jouant sur l'équivoque, isole le réel de la jouissance, un hors-sens. Lacan met l'accent sur « le désir de l'analyste comme un opérateur qui peut se rendre compte de ce à quoi tendent les paroles pour son analysant, qui l'ignore[15] ». La coupure devient écriture. « L'analyste, le fossé, ce qu'il dit est coupure, c'est dire qu'il participe de l'écriture », « ni dans ce que dit l'analysant, ni dans ce que dit l'analyste, il n'y a autre chose que de l'écriture »[16]. Le forçage fait émerger la lettre, qui s'écrit sans aucun effet de sens. « L'écriture, c'est ce qui vient quand il n'y a plus de représentation possible[17]. »

En second lieu, la réduction. Jacques-Alain Miller définit la psychanalyse comme « opération de réduction[18] », et ajoute que « cette réduction permet de dire que l'on atteint le symptôme comme réel[19] ». Nous poserons une équivalence entre la réduction et le symptôme comme réel, puisque le symptôme, qui était précédemment le dénominateur commun expliquant l'histoire du sujet, une fois séparé du sens, se sépare aussi de celle-là. La réduction rend ainsi possible l'ouverture de la dimension du désir inédit qui advient à la fin d'une analyse.

Sergio Laïa

L'espace d'un battement

Selon Lacan, de nombreux psychanalystes de langue anglaise soutiennent que « toute l'analyse doit se dérouler dans le *hic et nunc* », c'est-à-dire que « tout se passerait dans une étreinte avec les intentions du sujet, ici et maintenant, dans la séance »[1]. Dans cette perspective, la séance analytique dans sa référence au *hic* serait, elle-même, espace – désigné comme « ici » – et dans sa référence au *nunc* serait temps – nommé « maintenant ». Lacan, dès le début de son enseignement, questionne précisément cette perspective qui met une entrave à la dimension corporelle qui s'impose dans la séance analytique.

Dans l'analyse, orientée par l'immédiat de l'« ici et maintenant », le corps de l'analyste est conçu comme une espèce de toile, sur laquelle l'analysant projette une série d'autres corps. Il incombe à l'analyste, grâce à ses interventions, de défaire l'illusion par laquelle le patient, dans chaque projection, se voilerait sa propre réalité. Pour cela, non sans humour, Lacan affirme que, dans cette conception de la cure – soutenue par une partie de l'école anglaise –, « le sujet peut bien se décrire aux prises avec son épicier ou son coiffeur », mais, « en réalité, il engueule le personnage à qui il s'adresse, c'est-à-dire l'analyste »[2].

D'un jeu spéculaire...

Lacan, encore avec humour, examine cette orientation aussi sérieusement que possible, à partir de la lecture de textes : il ne la suit pas, ni ne la recommande, mais l'illustre d'un exemple extrait d'un article de Margaret Little intitulé « Contre-transfert et la réponse du patient à ce contre-transfert[3] », qui suit celui d'Annie Reich.

Il s'agit du cas d'un analysant qui, après la mort récente de sa mère, fait avec grand succès une communication à la radio sur un thème auquel son analyste porte un grand intérêt. Après cette communication, il arrive très perturbé à sa séance. L'analyste – informé, donc, de la teneur de l'émission radiophonique – interprète : « Son affliction escamote une peur qu'il a que je puisse, par jalousie, le priver de la satisfaction de son succès. » Cette interprétation cherche à concorder avec ce que le patient dit dans l'ici et maintenant de la séance, et dévoile le sens de ce qui est projeté. L'analysant en est apaisé.

Deux ans plus tard, l'analyse étant terminée, une difficulté à s'amuser lors d'une fête fait que cet analysant se souvient brusquement que, la semaine précédente, c'était l'anniversaire de la mort de sa mère. Une interprétation surgit, soutenue maintenant par quelqu'un qui prétend agir comme un analyste : la tristesse de ne pas pouvoir partager son succès avec sa mère le culpabilise du fait qu'il l'a obtenu et en a joui en plein deuil. Telles sont les vraies raisons pour lesquelles il était arrivé si perturbé à sa séance d'analyse. Telle qu'il la voit maintenant, l'erreur possible de la première interprétation paraît indiquer la difficulté rencontrée par l'analyste de dominer le « contre-transfert » et de maintenir la distance nécessaire dans la relation à son analysant : des faits récents montrent qu'il ne parvient pas à contenir la jalousie qui caractérise encore sa relation avec son ex-patient.

La distance de l'orientation de Lacan par rapport à Margaret Little et à Annie Reich devient évidente : une fois que « l'analyste a cru devoir chercher d'abord dans l'*hic et nunc* la raison de l'attitude du patient », il n'a pu que trouver « ce qui, sans nul doute, existait effectivement dans le champ intersubjectif entre les deux personnages »[4], l'interprétation par la jalousie que l'analysant lui a supposée s'est imposée du fait, évident deux ans plus tard, que l'analyste éprouvait assez intensément ce sentiment envers son patient.

Orientée de l'« ici et maintenant », la séance se transforme en jeu spéculaire sans fin : le psychanalyste s'applique avec zèle à être le support des projections de l'analysant et ce dernier, quand il commence à être considéré comme psychanalyste, peut à son tour démasquer dans l'interprétation de son analyste une projection de sa part. La séance analytique tourne aux circularités obsessionnelles du type « vous êtes en train de penser que je suis en train de penser que vous... ». Lacan conclut : « L'analyste se croit [...] autorisé à faire [...] une interprétation d'ego à ego, ou d'égal à égal[5]. »

... vers une psychologie à deux

L'ego, déjà chez Freud, est constitué comme corps propre à partir d'un autre avec lequel une identification devient possible. Aussi l'« interprétation d'ego à ego » résonne-t-elle dans la partie du Livre I du *Séminaire* intitulée « Les impasses de Michael Balint ». Lacan met en valeur la tentative de Michael Balint d'aller au-delà de la *one body's psychology*, en rendant compte de ce qui se produit dans une séance analytique par une *two bodies psychology*, une « psychologie à deux »[6].

La cure est abordée à partir des émotions transférées, principalement de l'analysant sur l'analyste. Balint, réduisant le transfert à un simple déplacement, transforme la situation analytique en une reproduction de la relation mère-enfant, de la situation œdipienne elle-même. Il prévoit que le psychanalyste, grâce aux bons résultats obtenus dans son analyse personnelle, devra rectifier l'anachronisme de cette réitération en tenant un « rôle passif », comme une table qui ne réagit pas aux coups de celui qui est en colère[7].

Annie Reich, Margaret Little et Michael Balint opèrent un effacement du registre symbolique et un glissement vers l'axe imaginaire : l'analyste a heureusement conquis, dans sa longue analyse, le contrôle de ses propres émotions – mais son corps est encore pris comme celui d'une personne. En acquérant un savoir et même une certitude sur lui-même, en réalisant une sorte de libération de l'ego dans sa relation à l'inconscient, le psychanalyste devient capable de diriger sans peine une cure, et l'inconscient des autres.

Un troisième terme

En réponse à son enfermement par la *two bodies psychology*, Lacan aborde ce qui se passe dans la séance en termes d'intersubjectivité : un troisième terme – la parole – intervient, par lequel *deux sujets* se rencontrent, dominés par une Autre instance qui les dépasse sans prédéfinir spatio-temporellement la séance. Parce que parler implique toujours se perdre dans ce qui se dit, parce que l'inconscient peut se manifester en n'importe quel lieu, il revient à l'analyste de favoriser la suspension des certitudes qu'un être parlant peut se faire sur lui-même, à l'encontre de la fonction de la parole[8].

L'usage de la parole permet à Lacan d'opérer une *désubstancialisation*[9] de ce que polarisait la relation d'ego à ego. S'assujettir à la règle de l'association libre, à l'exigence de dire tout, destitue l'analysant de la série d'attributs auxquels il s'identifiait, et l'analyste – en prêtant son corps pour ce que Freud appelle le « transfert » – doit « payer de sa personne [10] » pour que la direction de la cure ne se confonde pas avec la direction morale du patient.

L'intersubjectivité ne rend compte néanmoins que partiellement de cette désubstancialisation par laquelle Lacan soulignera la prévalence de l'ordre symbolique, du champ du langage, du champ propre de l'Autre. De plus, elle inscrit la séance analytique dans la dimension du dialogue communicationnel : la dissymétrie symbolique entre analyste et analysant est encore abrasée. Cette perspective trop subjective [11], de plus, ne suffit pas à différencier la psychanalyse des diverses psychologies.

Aussi, dépassant la thématique de la relation intersubjective, Lacan s'intéressera-t-il à la détermination dont – divisé entre un signifiant et un autre – le sujet pâtit du champ de l'Autre, articulé avant même que n'existe celui qui parle. Un processus de décorporéisation paraît atteindre aussi bien l'analysant (conçu comme sujet évanescent entre les signifiants qui composent sa vie) que l'analyste (désigné, grâce au transfert, comme « sujet supposé savoir »).

Derrière le divan

L'ordre symbolique, dans la mesure où il semble se fermer sur lui-même, évoque un mode autonome de fonctionnement où le savoir inconscient pourrait être élaboré sans aucune participation du corps. Selon Jacques-Alain Miller, on pourrait en arriver à considérer le corps comme un simple « résidu de présence dans la psychanalyse », une espèce de « déchet de l'Autre du savoir » [12], et le savoir comme élaboré hors des corps. L'information et la primauté exercées par le langage n'éliminent pas, bien sûr, la dimension corporelle de la séance analytique telle que Lacan en rend compte, comme le soulignait récemment Jacques-Alain Miller en ces termes : « La présence des corps [...], de deux corps, est une condition de l'opération analytique », parce qu'« il n'y a pas d'analyse par écrit, il n'y a pas d'analyse par téléphone, il n'y a pas d'analyse par Internet » ; « le sens ne vaut pas sans la présence »[13].

Contrairement à ce que Sergio de Castro[14] suggérait, l'exigence lacanienne que deux corps soient présents dans la séance analytique ne renvoie pas à la *two bodies psychology* préconisée par Balint, comme le rappelle l'examen de ses impasses par Lacan. L'insistance de Jacques-Alain Miller à affirmer que la présence est une exigence de la psychanalyse ne rappelle pas au registre imaginaire et n'autorise aucunement à assimiler la séance analytique à une relation d'ego à ego.

L'inconscient y est décrit « comme un bord qui s'ouvre et se ferme », c'est-à-dire « homogène à une zone érogène »[15] et aux parties du corps traversées par les pulsions. Qu'une analyse ne se passe pas sans la présence corporelle de l'analysant tient à ce que ce corps est informé par le langage et ne concerne que très peu son ego. De cette information se détachent les objets que cerne la satisfaction pulsionnelle et les symptômes, adressés à un analyste, qu'expriment les paroles ou le corps. La trame discursive de l'inconscient, le discours de l'Autre, pulse comme un corps dans un battement d'ouverture et de fermeture.

La réalisation de ce discours, sa position d'ex-centricité, advient « par la bouche de l'analyste[16] ». Il décide du sens d'une interprétation, mobilise tout un travail de construction. Que sa bouche renvoie un silence ou même quelques légers sons ne manque pas de relever de la présence d'un corps vivant derrière le divan. Souvenons-nous que, dans le Livre XVII du *Séminaire*, l'Autre est défini comme celui « qui a un corps et qui n'existe pas », et le savoir comme « moyen de jouissance »[17], c'est-à-dire d'une satisfaction qui ne se produit pas sans la présence de quelque corps. Lacan nous convie à aborder la conjonction – spécifique d'un corps vivant et parlant – entre signifiant et jouissance. La séance analytique, du fait qu'elle n'a pas une durée préétablie, n'évoque plus, selon Jacques-Alain Miller, l'« élaboration complète de la signification », l'impression d'un fonctionnement autonome du symbolique ou l'enfermement du couple analysant-analyste dans l'imaginaire, elle s'impose comme une occasion privilégiée « pour prendre la parole comme un mode de satisfaction spécifique du corps parlé »[18].

Après une absence de l'analyste

Une référence clinique pourrait illustrer comment, dans la séance analytique, la présence de deux corps ne se limite pas à une relation intersubjective, ni à une relation entre deux egos. Les jours précédant une période d'absence de l'analyste, un analysant se présente à la séance avec un mot qui définit à la fois l'être qui le profère et la métonymie d'une satisfaction anale qui insiste dans sa vie et le renvoie à la figure humiliée de son père. L'émergence de ce signifiant, qui lui arrive soudain comme une insulte, angoisse le sujet, qui, non sans haine, fait allusion aux temps antérieurs à l'analyse, où il pouvait toujours se penser comme irresponsable de ses actes. L'analysant affirme alors qu'il va arrêter la cure.

Cette situation est propre à évoquer une confrontation d'ego à ego et la passivité exigée de l'analyste par la *two bodies psychology* : le sujet – non sans donner à sa parole un ton accusateur – veut partir au moment même où l'analyste va aussi s'absenter… Cependant, la présence de l'analyste donne sa valeur au poids du signifiant qui affecte le corps de l'analysant. L'analyste lui dit que quelque chose d'inédit est arrivé à ce corps, puisque auparavant, loin d'être affecté par un mot injurieux, il paraissait trop mortifié par les mots et ne se laissait pas mobiliser par les signifiants.

L'analyste soutient que, face aux effets de vivification du corps par un signifiant, poursuivre la cure est la seule issue. Après la période d'absence de l'analyste, le sujet revient, mais accompagné d'un corps vivant et parlant, qui commence à se laisser beaucoup plus affecter par ce qui advient de cet autre corps – plus discret, mais non moins vivant – que la présence de l'analyste incarne au cours des séances.

Nathalie Georges-Lambrichs

« Je me demande pourquoi... »

À l'heure où la loi du marché demande aux thérapeutes raison de leurs actes et où les items qu'elle invente, normés par les exigences du traitement informatique, nous contemplent du fond de quelques failles (dont le gouffre de la Sécurité sociale), une redéfinition de la séance analytique paraît nécessaire, ne serait-ce que pour rendre perceptibles les frontières du champ qu'indexent les adjectifs dérivés des noms de Freud et de Lacan. C'est aux analystes de prouver ce qui fonde l'existence réelle de ce champ qui, depuis plusieurs décennies, a produit dans le monde des Écoles. Du champ dont eux-mêmes sont les fruits, les analystes sont donc responsables. Chaque Rencontre internationale est, en ce sens, un moment de bilan. Analyste de l'an 2000, qu'as-tu fait de la séance d'analyse, qu'en fais-tu? Peux-tu dire, ou laisser entendre – supposant là un « bon entendeur » –, réellement, comment tu uses de ton héritage?

Le temps et l'argent

Les arêtes de la cassure introduite par Lacan entre le temps et l'argent restent vives. Freud n'avait pas touché à cette solidarité issue du bon sens (la chose cartésienne supposée au monde la mieux partagée), en tant qu'il se faisait rempart contre l'appât effréné du gain. Lacan, lui, osa questionner cette prétendue évidence, prenant le risque d'alimenter le soupçon – pourquoi sinon pour relancer la question de la jouissance et de son escamotage dans les discours autres que le discours analytique.

Il n'en reste pas moins que l'indexation du prix de l'acte sur le temps passé pour l'effectuer demeure l'un des grands principes organisateurs des pratiques du soin, et que cette disjonction lacanienne, en le mettant en question, parie sur un autre frein. Lequel?

C'est ici que la séance fait brèche dans le discours courant, l'analyste aujourd'hui ne pouvant plus se garantir des standards établis au nom d'un supposé bon père pour... opérer. La séance d'analyse se connecte, en effet, à d'autres séances, sans lesquelles elle ne vaudrait pas grand-chose : séances de travail, séances de contrôle, séances plénières ou en salles multiples où sont exposés les hypothèses de travail, les résultats obtenus, les questions en instance. Le calcul du « prix » de la séance se complique alors, puisque précisément ces autres séances n'ont pas de prix.

En même temps, pour peser l'acte, en mesurer la portée, compter, enfin, avec l'analyste plutôt que sur lui, quel étalon nous reste-t-il, hors la séance d'analyse elle-même? « La » séance, une et multiple, nécessaire pour le déroulement de la cure et toujours contingente, qui à la fois revient, toujours la première, et ne vaut pas sans référence à la dernière, est donc l'instrument dont l'analyste dispose et qui en même temps le met à la disposition de l'analysant. Pour quoi faire, sinon pour orienter une cure analytique digne de ce nom? Si l'analysant ne le sait pas, l'analyste, lui, sait qu'il n'est payé que pour cela. La stagnation, la routine que Jacques-Alain Miller opposait dans son cours de cette année à l'invention, ces armes puissantes de la pulsion si sensibles dans les séances, les précieuses séances qui, soudain, pourraient sembler avoir été créées tout exprès pour les pérenniser, poussent alors l'analyste à serrer de plus près la logique de son acte dans son lien au temps, d'autant mieux quand l'ordre du jour d'une Rencontre internationale jette dans la mare de l'inertie le pavé d'un nouveau désir.

Vous avez dit : « analyse » ?

La mise en fonction du signifiant « analyse » a produit sur Jérôme des effets inespérés – du moins ceux qui ont commerce avec lui n'ont-ils pas cessé de s'en émerveiller – : il a terminé brillamment les études que précédemment il avait eu l'intention d'abandonner, il a fait son Service national alors qu'il visait la réforme, il a trouvé un emploi dans sa branche alors qu'il songeait au RMI, et il a lié un lien étroit avec une jeune fille, psychologue de surcroît.

Pourtant, rien de tout cela ne paraît compter vraiment pour Jérôme, dont le tourment s'accroît plutôt à proportion de ces succès. Qu'il dise ou ne dise pas quelque chose à l'un ou l'autre de ses interlocuteurs privilégiés – père ou mère, copine ou copains –, et le voilà aussitôt pris dans les tortures exquises de l'autoreproche et du soupçon généralisé à l'endroit de ce qu'il peut bien avoir voulu dire vraiment, ou voulu taire. Jérôme découvre, en réalité et à son corps défendant, que le vrai ment, et cela, en effet, se découvre de plus en plus, quoi qu'il en ait. C'est au point qu'il a d'ailleurs songé à rompre brutalement avec son analyste, à un moment où il allait particulièrement mieux, au dire de tous.

Pourtant, il ne s'y est pas décidé. Plutôt s'est-il laissé retenir par un dire de l'analyste : s'il interrompait son analyse, que vaudrait son analyse pour lui ? Sans doute l'analyste s'est-elle ici faite complice du signifiant « analyse » et même partisan, sans savoir, pourtant, ce que Jérôme logeait là, et donc par principe. Ce principe fut mis en fonction après que certains « progrès » avaient eu lieu dans la cure.

DU CÔTÉ DE L'ANALYSTE

Progrès en analyse assez lents

Jérôme est « lent », on le lui dit depuis toujours, et lui, qui s'est longtemps révolté contre ce dire qu'il trouvait injuste, a tendance, aujourd'hui, à le rallier. Il ne peut pas se presser, il lui faut prendre son temps, en réserver, en gagner, jusqu'à prendre de vitesse ces autres qui semblent acharnés à le lui bouffer.

Ainsi pour l'analyse : il y pensait depuis très longtemps et, pourtant, ne faisait pas la démarche. Il fallut pour qu'il s'y décide une précipitation d'angoisse insupportable, née de deux événements liés : le suicide d'une amie, et la bouffée délirante du petit ami de cette jeune fille. Il avait alors vingt ans, s'enlisait dans des études d'arts plastiques entreprises un peu tard, ne souhaitait pas avoir son diplôme et redoutait le Service national. La liaison qu'il avait eue lui-même avec la jeune fille liée aussi au couple en question se soldait, après des mois et des mois de colloque singulier, par un échec sexuel patent : panne de désir, bilatérale.

En s'adressant à la commission d'accueil de l'École de la Cause freudienne pour rencontrer un analyste, Jérôme passait outre ses réticences, « pour une question de vie ou de mort », dit-il alors. Le signifiant « analyse », donc, mais aussi ce qu'il indexe de propre à Jérôme avaient ce pouvoir d'activer chez lui cette angoisse existentielle, et de l'orienter dans le dispositif freudien comme moteur d'une cure.

Du nécessaire au contingent

Les conditions de départ de la cure furent conformes à l'idée qu'il en avait. Il n'avait pas les moyens de régler ses séances, sa mère était d'accord pour un prix raisonnable que l'analyste ne discuta pas.

C'est au bout de trois ans que l'analyste comprit comment la vie et la mort s'étaient liées pour Jérôme à travers deux événements superposés, voire confondus pour lui ; la naissance de sa sœur et la mort accidentelle du frère de sa mère. Il avait entre trois et quatre ans.

Peu après, Jérôme se rappelle avoir reçu de ses parents pour ses vingt-trois ou vingt-quatre ans, dit-il, l'appareil photographique qu'il avait demandé, acheté par lui-même et confié à ses parents jusqu'au jour J, « Mais l'objectif était enfoncé », se souvient-il, et il poursuit : « J'ai eu devant moi le silence très fort de ma mère et de ma sœur, mon père n'était pas dans la pièce. Puis ma sœur est allée s'enfermer dans sa chambre, mon père est arrivé, me l'a pris des mains pour essayer, en vain, de le remettre en état, ma mère m'a proposé de m'en racheter un, j'ai dit que je le porterais à réparer mais je n'en ai rien fait. »

Le commentaire que Jérôme fait de l'événement met la puce à l'oreille de l'analyste. Voici ce qu'il dit : « Je n'ai jamais réussi à avoir de réponse sur ce qui était arrivé, ni par la colère ni par la raison. » Et il ajoute : « J'ai l'impression que très souvent j'ai été confronté à cela, comme si je ne pouvais pas avoir accès à la réalité de l'accident, comme si je ne pouvais pas être témoin, comme si on voulait me préserver. » Ce souvenir récent plonge pourtant ses racines vingt ans avant.

Le glissement sémantique produit par Jérôme dans cette séance entre « événement » et « accident » éclairait en effet, pour l'analyste, le refoulement opéré à partir de la naissance de sa sœur – qui fit de lui le frère-est-né – et la mort d'un frère de sa mère. Pour l'analyste, Jérôme a fait savoir de son identification à ce frère perdu. À partir de là, il atteste, par ce mot dit pour un autre, qu'il reste, quant à lui, prisonnier de son appareil défectueux, de son objectif enfoncé, entre le chaos de ses pensées et un KO debout.

Une séance riche

Juste après le récit de cet « événement » dont l'écho lui échappe, Jérôme produit rien de moins qu'un souvenir et trois rêves.

Le souvenir est celui d'une séance... de torture : il a quatre ans, son phymosis s'est déclaré et aucun de ses deux parents ne parvient à soulager sa douleur ; aux urgences des Enfants malades, il se fait dire par le chirurgien : « Désormais, tu t'en occuperas tout seul. »

Dans le premier rêve – « je défèque, je me retrouve complètement couvert d'excréments, j'en avale et je garde longtemps, au réveil, le goût amer dans la bouche » –, c'est le corps qui se dégage d'une gangue excrémentielle, profile l'empire de la mémoire et la tyrannie de la sensation qui a eu lieu. Dans le deuxième – « je suis sur les toilettes comme dans un fauteuil, beaucoup de gens m'entourent, c'est une réception » –, le sujet s'aperçoit trônant dans toute sa majesté non renoncée et la précaire éternité de l'instant. Le troisième – « dans des douches crasseuses je cherche les toilettes et ne les trouve pas, elles sont défectueuses, la situation est décalée par rapport à mon besoin » – le met en recherche, en mouvement. Ainsi bute-t-il sur un très vieux souvenir, le souvenir d'un rêve d'enfant, récurrent : « quand j'étais petit je rêvais que je partais à l'école sans pantalon ».

Récapitulons : mon premier est le souvenir d'une séance, mon deuxième une séance de rêves, mon troisième le souvenir d'un rêve, et mon tout une séance d'analyse. Un « tout » qui n'est pas sans reste...

Sans doute peut-on dire que son être de garçon, son appareil défectueux, le mort que Jérôme incarne sont là, dépris d'un premier chiffrage qui s'est effectué dans l'enfance et qui se lie maintenant à ce que le sujet produit. « Je me sens prisonnier de quelque chose qui m'échappe », dit-il, en même temps qu'il énonce avoir l'impression très nouvelle d'avoir du temps pour comprendre, lui pour qui, jusqu'ici, tout est allé toujours si vite qu'il avait l'impression de ne pas.

Savoir n'est pas rouler

Mais de quoi cette séance est-elle riche ? Qui peut en tirer les bénéfices ? L'analyste se figure-t-elle qu'elle est riche d'une longueur d'avance (ou plus) du fait que, d'une part, cette séance apparaît, en effet, comme la matrice des identifications et du fantasme du sujet et que, d'autre part, elle fait point d'appel à l'Autre du savoir qu'évoque le signifiant « école » ? Elle aurait tort, car l'analyste, ici, est loin de pouvoir savoir quelle tournure prendront les événements, quels tournants Jérôme prendra ou ne prendra pas, quelle rencontre pour lui sera ou non décisive. Elle ne sait même pas encore si elle fait réellement le poids pour Jérôme, si elle trouvera la mesure qu'elle est pour lui, si elle compte pour lui. Elle ne le saura d'ailleurs jamais, à moins qu'il ne prenne l'envie à Jérôme d'en dire quelque chose... Pour l'heure, l'analyste, quand elle a décidé de présenter ce cas, s'est sans doute repérée sur un rêve de transfert l'ayant, si l'on peut dire, éclairée sur ce point : « Il fait nuit noire. Je suis dans votre voiture, que je conduis sans permis. Toutes les barrières se lèvent. » Sur quoi le rêveur associe : « J'ai toujours aimé rouler la nuit. Enfant, blotti contre la portière, derrière avec ma sœur, j'avais une peur bleue que la portière ne s'ouvre. »

L'invention du sujet

Je la situe dans le fait que Jérôme, depuis la séance riche, manque des séances, qu'il règle pourtant scrupuleusement. Il vient environ une fois sur quatre. Revenant une fois de plus sur le début de son analyse, début qu'il n'a de cesse de refonder encore, il était alors, se rappelle-t-il, traversé par un incroyable chaos, des poussées irrésistibles, l'envie de courir en criant, qu'il contenait à grand-peine.
De son silence d'alors, il réalise qu'il avait pour fonction de garder à tout prix ce qui lui était le plus cher, à savoir ce qu'il savait qu'il ne savait pas et – pas moins – ce qu'il ne savait pas qu'il savait. Le fil sur lequel il faisait l'équilibriste est devenu celui du discours, le discours qui ne cesse de reposer la question : « et qui libre ? ».
Les séances s'articulent maintenant selon deux axes, qui se recoupent. Jérôme énonce de mieux en mieux en quoi consiste sa division : « Je me sens partagé entre l'envie de solitude et la peur d'être seul », ce qui l'enchante ; et il avoue peu à peu sa jouissance, non sans inquiétude : « Je me sens plus libre que jamais, je me demande pourquoi. »

L'invention de l'analyste

Elle a consisté jusqu'ici à donner à un énoncé du sujet le statut d'une déclaration. L'énoncé était le suivant : « Je ne veux pas être le seul à porter le poids de mes propres mots et les conséquences de leur portée. » L'analyste a simplement fait répéter à l'analysant cet énoncé quatre fois.
En effet, « pour soutenir l'oubli de l'acte et son inconséquence, le

transfert ne suffit pas. La question du sujet supposé savoir doit être déplacée pour que quelque chose puisse se placer comme contre-oubli », disait Jacques-Alain Miller dans son cours en 1999.

Aujourd'hui, Jérôme est à la question, c'est-à-dire qu'il questionne sa réticence à dire quoi que ce soit de sa vie réelle, il la soupçonne et se soupçonne même de ne parler sur le divan que pour ne pas dire ce qu'il faudrait.

En même temps qu'il admet les lois de l'inconscient, et se dévoue à la tâche de compter avec ses formations, Jérôme met en question la chose analytique, qui, il l'énonce, s'infiltre de cette jouissance qu'il veut taire car il craint de la perdre : s'entendre faire de beaux lapsus et les commenter, sans doute, garde un certain charme, mais cela ne cache-t-il pas, dit-il, autre chose ? La séance elle-même vient ainsi au cœur de son débat : que fait-il, là, que veut-il, encore ? Achèterait-il le silence de l'analyste, et pour couvrir quoi d'inavouable ? En ce point, le pari de l'analyste est clair : démontrant la dignité de son analysant à cette capacité d'être un homme, il anticipe sur son être responsable du progrès de la psychanalyse de demain.

Sergio Larriera

Le temps proprement dit

L'objet *a* est la clé de voûte de ce qu'articule Lacan sur la jouissance et que Jacques-Alain Miller a exhaustivement dégagé dans ses cours, conférences et séminaires, ces dernières années.

Notre travail partira de la place organisatrice que tient l'objet *a* dans le nœud borroméen. D'une part, il n'est rien d'autre que ses semblants; de l'autre, il est aussi « semblant d'être », « parce qu'il semble nous donner le support d'être ». Cet être n'est rien, il est une pure supposition à cet objet *a*, explique Lacan. Si l'objet *a* n'est autre chose que ses semblants, c'est donc dans ses modes de sembler qu'il est semblant d'être, semblant donner le support de l'être supposé à l'objet *a*.

« Laisser » l'objet

En réduisant le nœud à sa plus simple expression, nous extrayons de la conférence de Lacan « La troisième[1] », pour les fins de notre exposé, les quatre points principaux (un point étant toujours tridimensionnel) : le point central *a* et les trois points de jouissance, celui de la jouissance du corps, celui de la jouissance phallique et celui du sens (respectivement JA, Jφ et s).

LE TEMPS PROPREMENT DIT

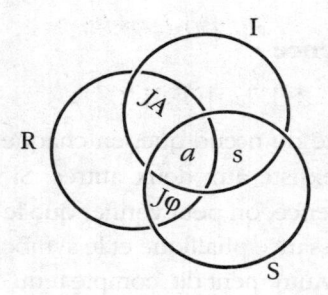

[Diagramme de trois cercles entrelacés R, S, I avec au centre a, s, JA, Jφ]

Dans cette conférence, Lacan explique à travers le nœud que, à « attraper juste » l'objet *a*, un analyste peut répondre à ce qui est sa fonction dans l'expérience. Qu'il dise « juste » souligne l'importance qu'il attribue à ce nœud qu'il a introduit depuis peu. Le nœud attrape l'objet *a* au coincement du symbolique, de l'imaginaire et du réel. « Il s'agit de laisser cet objet insensé que j'ai spécifié du *a*. » Pour atteindre son but, l'analyste devra « laisser » l'objet *a*. Opérant avec les trois dimensions (dit-mensions) R, S et I et prenant en compte les trois points de jouissance, il devra « laisser » dans le point central l'objet *a*, que coincent les trois cercles. Lacan précise que, « en l'attrapant juste », l'analyste peut répondre à sa fonction : « l'offrir comme cause de son désir à son analysant ». Je voudrais montrer que ce « laisser » l'objet *a* dont est responsable l'analyste détermine l'acte qui donne son lieu et son temps à l'expérience psychanalytique. Le parlêtre est précipité à l'acte par l'objet *a*, cette précipitation répond à la fonction de la hâte inhérente au moment de conclure où l'analysant s'appréhende comme sujet identifié à l'objet.

Les arcs de l'existence

C'est une propriété du nœud que, en chaque point, chacune des trois dit-mensions ex-iste aux deux autres. Si l'on prend le point central comme référence, on peut vérifier que le réel ex-iste au sens, l'imaginaire à la jouissance phallique et le symbolique à la jouissance du corps de l'Autre. Autrement dit, compte tenu du triple support qui le détermine, l'objet *a* occupe la place de l'ex-istence, en tant que défini par ces trois modes d'ex-ister. Aussi les trois arcs – segments du cercle – qui cernent l'objet *a* peuvent-ils se nommer « arcs de l'ex-istence ». Offrir l'objet *a* à l'analysant, c'est le faire ex-ister dans le discours analytique. Mais ex-ister ne veut pas dire « être » ; l'être ne se confond pas avec l'ex-istence. L'ex-istence se soutient comme un semblant, l'être est la substance que l'on suppose « au-delà » du semblant.

Par sa position dans le nœud, *a* est le concept central de la formalisation. Triplement déterminé par le support de R, S et I, il est réel (« le réel est trois ») et, comme réel, il peut être à la fois la chose qui se soustrait à toute détermination et l'objet qui, en chaque point de jouissance, offre l'un de ses semblants. L'écriture centrale *a* renvoie à la chose comme impossible qui donne lieu et temps, et à l'objet comme se présentifiant qui localise et temporalise la jouissance. En chaque point de jouissance, la chose occultée en tant que telle se présente comme semblant d'objet. De se soustraire, la chose perturbe toute aspiration à une jouissance absolue, en démontrant son impossibilité ; *a* écrit cette impossibilité. La présence opère comme limite, un « se faire présent » dont s'induit la supposition d'une substance au-delà, c'est-à-dire la croyance en un être supposé. Révélation comme un « se faire présent » et occultation comme impossibilité de transcender le semblant se résument dans la formule de « L'étourdit » : « la vérité, *alètheia* = *Verborgenheit*[2] ».

La double conjecture

Un rappel succinct de la temporalité dans *L'Être et le Temps* contextualise la formule de Lacan.

L'expérience de l'être-pour-la mort n'équivaut pas pour le *Dasein* à l'attente de la mort, qui met fin à l'existence. Elle n'en est ni la peur, ni son attente joyeuse et pieuse. La mort est ici constante possibilité anticipée, prévision. La possibilité ontique de prévoir sa mort est l'instance la plus haute du pouvoir-être de l'être-dans-le-monde. Ce qui légitime le choix de la mort pour décider de la question ontologique. À cette possibilité qui prépare l'assomption de l'être-pour-la-mort répond dans le champ de la psychanalyse la castration. L'assomption de la castration, c'est, chez le parlêtre, être renvoyé à une jouissance absolue impossible, être limité à des jouissances partielles : jouissances phallique, du corps, du sens, du symptôme, de l'inconscient, etc.

La possibilité de prévoir sa mort met le *Dasein* en position de s'anticiper, de se précéder dans le monde. Une telle possibilité altère la relation du *Dasein* au temps vulgaire, au point que l'on ne peut tenir que les temps du verbe – passé, présent et futur – lui soient adéquats. Son être est présent, comme aucun autre étant, il n'a pas été puisqu'il n'est plus et ne sera pas davantage car il ne l'est pas encore. Aussi Heidegger propose-t-il de l'être les modes verbaux qui lui conviennent : « advenant », « ayant été » et « se présentant », où l'action non conclue reste ouverte.

C'est là un antécédent de la formule de Lacan : « ce que j'aurai été pour ce que je suis en train de devenir[3] », dans le « Discours de Rome », en 1953 (d'autres questions, telles celles de l'histoire et de l'historisation, prennent racine dans *L'Être et le Temps*). « J'aurai été » est un futur antérieur probabiliste ou conjectural ; l'action douteuse ou supposée d'un passé « été » est relative à une autre à venir, aussi conjecturale puisqu'elle n'est pas encore : « je puis être » ce que déjà je suis en train de devenir. La double conjecture du « j'aurai été » et du « pour devenir » interroge ce qui n'est achevé ni dans le passé ni dans le futur, et déstabilise par là même le présent.

Appliquons cette formule de la temporalité à la chose-objet du nœud, moyennant cette petite transformation : « ce qu'il aura été pour devenir ce qu'il peut être ». Ce qu'il aura été (passé conjectural) se fait présent au point d'inflexion de la préposition « pour », ce qui est en train de devenir (conjecture du futur) aussi. La flèche de la conjecture traverse ce « pour » en double sens, du passé au futur et du futur au passé.

Le temps : tiraillements du nœud

Dans le Séminaire XXI, Lacan a cette formulation : « Le temps, c'est peut-être rien d'autre justement qu'une succession des instants de tiraillement[4]. » On peut commencer à en démêler le sens en faisant correspondre les trois modes de se faire présent de l'objet a, l'alternance des modes de sembler a, aux tiraillements du nœud. Ceux-ci ne sont pas un effet des modes de se faire présent l'objet a, mais les deux questions reviennent au même.

L'objet a donne du temps, c'est dire que, dans l'expérience psychanalytique, à chaque déplacement de la jouissance s'actualise la temporalité. Toutes les fois que l'objet a offre un semblant en un point de jouissance, il se fait présent sous le mode de « ce qu'il aura été pour devenir ce qu'il peut être ».

« L'être se fait » et « donner du temps à l'être » régissent l'expérience analytique. L'objet a temporalise l'être, présentifié dans un double inachèvement : ce qu'il aura été, ce qu'il est en train de devenir. Double conjecture. Là réside la particularité du présent en psychanalyse, tendu entre les pôles d'une double conjecture. Le présent est un se faire présent évanescent (sa durée est imaginaire, sans présent propre), point d'inflexion entre passé et futur, point au sens mathématique, sans dimension, de dimension zéro.

L'événement propice :
appropriation et expropriation

Le propre de *a* est qu'il se produit, se présentifie dans un acte. Telle est sa nature. On peut rapprocher ce mode de se faire présent de la notion d'« événement propice » *(Ereignis)* autour de laquelle s'organise la pensée du « second » Heidegger. L'apparition de l'événement propice marque une torsion de la pensée du philosophe, qui passe de la notion de langage propre au « premier » Heidegger à une autre, proche, elle, de la notion lacanienne de la langue. Avec l'événement propice, il n'y a d'autre être que celui du dire. Dans la conférence de 1962, Temps et Être se donnent dans l'événement propice : « on donne du temps », « on donne de l'être ».

Le « laisser » de *a* est un événement propice. Comment se produit-il ? Grâce à la scansion du discours de l'analysant, par une opération de coupure en chacun des points de jouissance. La coupure suscite l'événement : ainsi, elle donne du temps. La coupure donne du temps au point de jouissance dont il s'agit. Donne du temps, c'est-à-dire fait présent. La chose se faisant présente sous le mode de l'objet, qui offre un semblant. Ce qui se fait présent comme semblant d'objet se soustrait en même temps comme chose de la jouissance absolue. La coupure, en séparant chaque fois l'objet (*i.e.*, en chacun des points de jouissance), le présente comme semblant :

1. La coupure au point de la jouissance phallique fait présent l'objet *a* comme semblant imaginaire.

2. La coupure au point de la jouissance du corps fait présent l'objet *a* comme semblant symbolique.

3. La coupure au point de la jouissance du sens fait présent l'objet *a* comme semblant réel.

Ces trois modes de sembler de *a* constituent la triple limite qui sépare les jouissances partielles, possibles, d'une jouissance absolue qui serait au-delà de la limite.

Comment entendre alors la formule de Lacan, « on donne du temps à l'être » ? En faisant accéder l'analysant dans le discours analytique, l'analyste fait occuper à l'objet *a* la place du semblant. En semblant, l'objet *a* donne du temps à l'être. Un temps est nécessaire pour que s'accomplisse cette accession, il est impliqué par le procès des manœuvres de l'analyste à cet effet. Une fois *a* installé dans le discours à la place du semblant, il commence à donner du temps à l'être – don du temps nécessaire pour que l'être se fasse.

Par le terme *das Ereignis*, Heidegger désigne l'acte d'une appropriation expropriante. Dans le propice s'enracine un acte constitué d'un double mouvement où l'on s'approprie tout en étant exproprié. Le propre de l'événement propice est de susciter appropriation et expropriation.

Le temps proprement dit

Il convient de relever dans le syntagme « le temps proprement dit » la question du dire, d'un dire approprié à la question, qui se ceigne au propre du temps. La psychanalyse parle de temps proprement dit devant le dire du temps donné par l'événement propice de *a*. À l'événement propice de *a* répond l'appropriation expropriante par où est donné le temps, dans un se faire présent de « ce qu'il aura été pour ce qu'il est en train de devenir ».

LE TEMPS PROPREMENT DIT

À la fin de la conférence « Temps et Être », il est dit : « [...] la pensée s'engage dans, depuis et vers l'événement propice, pour le dire ». Pour parvenir à ce dire, il faut surmonter plusieurs obstacles. « Dire à propos de l'événement propice sur le mode d'une conférence » en est un, car une conférence est faite de propositions énonciatives. De cette fermeture se déduit que le dire de l'événement propice est autre qu'énonciatif, soit un dire qui constitue un acte.

C'est ce que Lacan, dans le séminaire « RSI », appelle « dire de l'être ». Est ici en question un effet de sens réel, contradictoire avec la place du point du sens dans le nœud, résultant fondamentalement du recouvrement de l'imaginaire et du symbolique auxquels ex-iste le réel. Cependant, il est impératif que le discours analytique produise un effet de sens réel.

Que l'être se dise implique un acte d'une extrême complexité. Cet acte de l'ordre du langage ne s'épuise pas dans la révélation du signifiant, étant donné qu'il suppose en même temps le silence et l'occultation. Pour que le sujet arrive à savoir ce nœud, il lui faut non seulement obtenir un sens moyennant un raccord entre l'imaginaire et le savoir inconscient, mais aussi un autre raccord entre ce qui est le symptôme et le réel, l'analysant apprenant ainsi à suturer son symptôme avec le réel parasite de la jouissance : « rendre cette jouissance possible revient à entendre un sens : j'ouis sens [5] ».

Le dire de l'être, ce qui fait nœud, résulte de la confrontation du sujet aux modes de sembler de l'objet *a* en chacun des points de jouissance que met en jeu une analyse. Tant que l'objet *a* se fait présent comme semblant en un desdits points de jouissance, surgit une impossibilité, celle du franchissement de la limite qui le transcende et complète ainsi l'expérience de jouissance, en l'absolutisant.

Comment est ici entendu le procès psychanalytique ? Le transfert est impensable sans le sujet-supposé-savoir, dont l'algorithme fournit le sens du transfert comme lié au signifiant. Mais la référence qui répond à l'objet *a* n'apparaît pas d'emblée. Si elle opère dès le moment où s'installe le transfert, elle est encore latente. Ainsi, l'expérience analytique, du début jusqu'à la fin, a sens et référence. La production de la différence absolue qui anime le désir de l'analyste montre à la fin d'une analyse quelle est la référence du discours. L'analysant passe donc de la double supposition de l'entrée, la supposition d'un savoir et l'imputation d'un sujet à ce savoir, à la destitution subjective en relation au désir de l'analyste. En d'autres termes, il réalise le passage d'un savoir supposé à un savoir assuré. Mais si le savoir supposé a conduit à une destitution, que sait l'analysant ? Où le conduit l'écrasement du phallus propre à l'expérience ?

« L'étourdit » répond que la fin de l'analyse assure à un supposé sujet le savoir de l'impossibilité du rapport sexuel ; impossible de dire rien de sérieux (limite de la série) qui ne prenne le sens du comique ; impossible d'atteindre au réel sans annuler la signification. En fonction de ces trois dit-mensions de l'impossible, que déploient le sexe, le sens et la signification, le sujet « saura » élaborer la conduite qui lui convient.

Les trois impossibilités auxquelles parvient l'analysant à la fin de son analyse sont formulées par Lacan avant qu'il ne noue les dit-mensions. Elles répondent aux trois impossibilités d'absolutiser la jouissance située aux trois points de jouissance.

On peut donc soutenir que l'événement propice consiste en un dire qui révèle chaque fois l'impossibilité : « ceci est le dire de l'être », rendu possible par un temps qui lui a été donné, un temps proprement dit.

III

Stratégie, tactique et politique dans la cure

Jacqueline Dhéret

Au fil des séances

Les textes réunis dans *La Technique psychanalytique* recouvrent une période d'élaboration où Freud assoit le transfert comme concept fondamental pour la psychanalyse. Les précisions qu'il apporte répondent alors à la nécessité de tirer les enseignements techniques de la direction du travail, en lien avec la place de l'analyste, qui s'éclaire d'un jour nouveau.

Libido et inconscient dans la cure

Rappelons brièvement l'obstacle épistémique que Freud est parvenu à déjouer. Dans un premier temps, il avait postulé que la causalité en jeu dans la névrose était indépendante des deux protagonistes. La séance, la direction du travail étaient ramenées à une série de manœuvres actives. Le traitement revenait donc à contrarier l'amnésie infantile, à forcer la remémoration. Le pas suivant devait lui permettre de considérer l'inertie installée au cœur du système, de prendre en compte la ténacité avec laquelle le sujet reste attaché aux sources de plaisir qui ont été les siennes. Ce point d'articulation de la sexualité et de l'inconscient, qualifié par Freud du plus intime[1], s'inscrivait désormais au cœur du traitement. Il exigeait en retour une formulation de la technique, d'en rabattre sur l'optimisme thérapeutique, de revenir aux séances en interrogeant la place du médecin dans le processus. Les séances devenaient « tranches de vie réelle [2] ».

Une remarque des « Conseils aux médecins [3] » a retenu mon attention. Freud y situe le transfert positif du côté de ce qui, de l'inconscient, peut passer au savoir. Il ajoute que la part de libido qui résiste au changement psychique se fixe sur le médecin. Situons du côté du transfert positif la constitution de la chaîne signifiante, son déploiement. Jacques Lacan nous a enseigné que la satisfaction de l'analysant ne vient pas seulement du déchiffrage et des interprétations que les formations de l'inconscient adressent au sujet divisé par le signifiant. Elle tient aussi à ce qui, dans le signifiant, se déploie comme écho de la demande et de la métonymie du désir. C'est le pas que Freud reconnaît avoir raté avec Dora et qui a entraîné sa sortie de la cure. Le transfert négatif provient, selon Freud, de la libido inintégrable à la chaîne signifiante, de tout ce qui, dans le langage, a fait trauma. Ce qui vient à la place de ce qui du sujet est indicible se reporte sur le médecin et se manifeste comme déplaisir. Freud insiste sur la distinction de ces deux sources et découvre que l'expérience de la psychanalyse consiste à suivre le mouvement de la libido.

Freud a inscrit la répétition au cœur de l'expérience analytique. Nous devons à Jacques Lacan d'avoir démontré toute la portée de ce changement de perspective. Le transfert n'est pas seulement lié à ce qui insiste comme rencontre manquée dans le signifiant, il inscrit la réalité sexuelle dans l'inconscient. Le réel auquel a affaire l'analyste n'est donc pas indépendant de la rencontre. Il exige cette présence réelle des corps, ce point fixe que constitue la séance.

Jacques-Alain Miller rappelait à Arcachon [4] que l'opposition du sens et de la jouissance, sur laquelle il a insisté dans son cours, ne devait pas nous conduire à une lecture trop systématique des phénomènes cliniques. Il attirait notre attention sur le fait que Jacques Lacan s'est au contraire attaché à repérer comment les phénomènes de jouissance s'articulent dans le symbolique. Pour le névrosé, cette jouissance ruineuse est incluse dans un appareil de sens. Ce n'est pas le cas du psychotique, qui fait valoir une désintrication et cherche une solution à la jouissance qui n'est pas bornée par la signification phallique. Les manifestations de l'analyste, dans le cas de la psychose, la place qu'il vient à occuper dans le transfert visent à reconstruire un Autre de l'adresse, ce qui ne va pas sans produire un nouveau nouage de la jouissance et des signifiants dont le sujet dispose.

Singularité d'un nouage de la jouissance et des signifiants

Je m'efforcerai, avec Damien, de repérer le point transférentiel qui lui a permis de tracer un nouveau destin à sa jouissance. Sa solution m'a intéressée, car elle illustre comment le transfert comme présence réelle de l'analyste peut venir à faire nœud à partir d'un point de fixité qui concerne la séance. Je consens en effet depuis douze ans à ce qui se présente pour Damien comme une nécessité subjective rendant possibles nos rencontres : le recevoir à l'aube. C'est le point de capiton construit à partir de la cure et qui a permis à Damien de s'inscrire dans la vie.

Notre premier rendez-vous date de ses seize ans. Il était alors hospitalisé pour une grave crise de psoriasis et son entourage insistait pour qu'il vienne à mon cabinet en ambulance. Je n'avais pas été dans ce sens, l'avais encouragé à m'appeler s'il le désirait et l'avais assuré de ma disponibilité lorsqu'il irait mieux. Un rêve avait répondu à cet échange, qu'il m'avait rapporté lors d'une deuxième conversation téléphonique dont il avait eu l'initiative ; le monde était ravagé par un état de guerre généralisé ; il devait trouver une solution à ce qui s'annonçait comme l'apocalypse. L'issue s'est avérée linguistique ; son rêve lui avait soufflé un mot qui, de ne pas exister dans la langue, prenait valeur de nom. Il me demanda simplement de le recueillir, d'en prendre note. Son état somatique s'améliora très rapidement, lui permettant de reprendre ses études et de venir à ses séances. Nous pouvons donc faire valoir l'opération signifiante proposée par le rêve comme un symptôme, compte tenu de ses conséquences sur la jouissance du sujet. Un rêve a connecté l'inconscient de ce sujet et la pulsion.

Il a alors été possible de repérer à quoi répondait la maladie somatique : elle était intervenue après l'apparition quasi hallucinée d'une jeune fille, qui avait surgi un peu trop brutalement au détour d'un chemin de campagne où il s'attendait à être seul. Au moment de la croiser il s'est dit que, une fois disparue de son champ de vision, il devrait se retourner et la posséder. Faute d'un scénario imaginaire, donc d'un arrangement signifiant pour « parer à la carence de son désir dans le champ de l'acte sexuel[5] », l'interprétation délirante – violer une femme – avait fait réponse. Il cherchait une entrave à cet impératif.

L'année précédente, il s'était déjà accroché aux vêtements de celui qui fait peur. C'est ainsi que, dans l'anonymat que procure la fin du jour, fondu dans le paysage de la grande ville, il lui arrivait de suivre une jeune fille. Sa jouissance consistait à manifester une présence discrète, seulement pour l'effrayer. Il était terrorisé par la pensée qu'elle se retourne et qu'il soit ainsi extrait de l'anonymat de l'ombre. À quatorze ans, il avait provoqué une certaine panique dans son collège, en adressant une série de lettres anonymes à une camarade de classe qui s'était un peu trop approchée de lui.

Suivons la logique des trajets de ce sujet qui ne dispose pas de la castration pour aborder le phénomène pulsionnel, mais témoigne d'une activité sexuelle : il fait transiter par l'Autre, dont les contours se dessinent dans la femme, un « se voir ». Le point de castration, être aveugle, est transféré sur une jeune fille, mais il devient esclave de la nécessité de la suivre. Il s'appareille à la jeune fille qui ne doit pas se retourner pour voir l'existence qui cause sa frayeur. Le moment problématique serait celui où, perdant le support de sa construction, lui-même émergerait comme regard. C'est ce qu'il a été en danger de réaliser dans la scène de la promenade où, en place et lieu de la femme, il a dû lutter contre l'impératif de se retourner. Il a alors pris corps, grâce au psoriasis.

Il s'agissait donc de ne pas le laisser disparaître dans le paysage de la forêt ou celui de la grande ville, d'accrocher les signes discrets de la présence du sujet, de déployer une stratégie lui interdisant de se faire « corbeau ».

Damien a aujourd'hui abandonné la tentation de plonger dans l'ombre qui menaçait de l'engloutir. Il va bien mais poursuit son travail, car il doit chaque jour construire le présent qui lui permet de ne pas se retourner. Il avance et dispose pour cela, selon ses dires, de trois fils qui tracent son chemin :

– La linguistique, qui est devenue son métier. L'Université lui convient, ainsi que le domaine de recherche, assez pointu, dans lequel il s'est spécialisé. Son activité d'ingénieur lui permet de ne pas apparaître au premier plan des publications, de recueillir des données.

– Les jeux de rôle, qu'il pratique depuis qu'il a commencé son analyse. Dans ce domaine il s'est fait une réputation de maître et d'écrivain particulièrement habile. Il ne crée pas les scénarios mais « masterise » les séances qui regroupent les joueurs. Un des jeux dont il me parle régulièrement dure depuis onze ans. Il lui a donné, au fil des années, une autre tournure. Certes, il respecte ce qu'il appelle le « prototype » – les données de départ, les grandes lignes du scénario qui consistent à organiser et limiter des caractéristiques –, mais il s'est éloigné d'un type de guidance qui consiste à faire appliquer des règles. Il n'est plus obligé, de ce fait, d'être garant de la référence. Il crée un mixte, entre tendance simulatrice et jeu d'ambiance. Le monde, les fictions qui le soutiennent se dégagent des actions conjuguées des joueurs. Il guide le jeu, séance après séance, en fonction du style de monde que celui-ci construit. Il s'est donc éloigné de la tentation de se faire maître du langage ; il adapte, met au point, enrichit en fonction de l'inventivité des joueurs.

– Le troisième fil est celui de son analyse, où il vient s'assurer, là aussi, séance après séance, que son monde à lui tient.

Le quatrième, je le situe du côté de ce qui revient toujours à la même place, sans que l'analyse y touche jamais directement : l'heure très matinale de nos rendez-vous. Considérons ce trait transférentiel comme une asymptote évitant de conclure sur un « je sais ».

Sans doute est-ce grâce à ce nouage que la jouissance peut rester localisée dans l'ombre, et le sujet s'en extraire.

Ram Avraham Mandil

La séance analytique comme symptôme

Le premier rendez-vous est remarquable : B. ne vient pas. Au téléphone il m'explique qu'il est allé jusqu'à la fin de l'avenue et non au début, où se trouve le cabinet de consultation. Un nouveau rendez-vous est pris et B. arrive avec un certain retard. Il le justifie ainsi : une collègue lui a dit que, pour aller de sa maison à mon cabinet, il fallait quarante minutes. Sur cette base, B. s'est lancé à lui-même un « défi » : arriver à la séance en vingt-cinq minutes. N'y avoir pas réussi n'est pas pour lui un échec, mais plutôt une relance du « défi », pour la prochaine séance.

En l'absence d'une intervention, il est certain que B. aurait continué indéfiniment cet exercice pédestre du paradoxe de Zénon. Il pouvait parcourir les chemins les plus variés de son point de départ jusqu'au cabinet, mais il laissait toujours une marge de retard par rapport à son horaire de séance.

De la série des Oui et des Non

Ce mode de présentation de B. suggère que, avant même de rencontrer son analyste, les séances analytiques étaient déjà engagées dans une stratégie d'approche, où s'ébauche, avec insistance, la rencontre réitérée avec le « pas-tout ».

Nous parlons ici de la séance analytique comme scansion dans le temps, ou encore, comme point fixe autour duquel un analysant, avant même de serrer la main de son analyste, fait tourner sa stratégie symptomatique. Il s'agit de faire ressortir cette dimension « globale » de la séance, comme inscription dans le temps et dans l'espace nouée à un symptôme – le « défi » de B. – avant la prise de l'être parlant dans l'expérience.

Il est certain que les retards de B. ont pour lui une valeur signifiante, insérés comme ils le sont dans le défi par lequel il prétend faire échouer la prédiction de sa collègue. Il est certain que la dimension de manque dans l'Autre est aussi présente à travers la personne de l'analyste dans l'attente de son analysant, bien que déplacée au second plan par les promenades faites autour des séances.

Cette petite introduction par laquelle B. prétend commencer son analyse peut être lue comme la série des Oui et des Non par laquelle peut se résumer la stratégie d'un sujet en rapport à son existence : « dire Oui ou dire Non suffit à donner une orientation ; l'orientation lacanienne est une série de Oui et de Non ; ce qu'on appelle une vie peut se résumer à une telle série[1] ».

Cette thèse de Jacques-Alain Miller dans « Introduction à l'impossible-à-supporter » se vérifie dans les rayons de livres d'auto-assistance dont sont encombrées les librairies en ce début de siècle. Là, un manuel pour surmonter le sentiment de culpabilité : *How to say No and not feel guilty* (« Comment dire non sans se sentir coupable ») ; ici, son versant cynique : *How to say Yes when you mean No* (« Comment dire oui quand vous pensez non ») ; plus loin, *Boundaries ; when to say Yes, when to say No, to take control of your life* (« Limites ; quand dire oui, quand dire non, pour assurer le contrôle de sa vie »). Le secret du contrôle de la division subjective tient dans une série des Oui et des Non.

D'un Non à un Oui

Dans cette perspective ouverte par Jacques-Alain Miller, l'analyse oriente les modalités de négation du champ subjectif par l'ouverture à des Oui différenciés.

La nécessité d'un consentement initial de l'analysant qui demande une analyse ne doit pas faire oublier qu'à l'espace de la séance analytique préside un Non, sous ses formes les plus diverses et les plus subtiles. Les Oui et les Non permettent d'entrevoir les battements qui accompagnent le cheminement de l'expérience : le Oui et le Non simultanés de l'hystérie ; le Oui timide de la névrose obsessionnelle, aussitôt détruit par le Non ; l'absence d'un Oui inaugural dont les signes nous parviennent dans les psychoses à travers le Non radical de la forclusion.

La série des ratés entre B. et sa séance fait partie d'une pratique de négation que nous supposons mise en marche dès qu'il a pris son premier rendez-vous. Les formes de négation sont multiples qui recouvrent le champ de la séance analytique, et il est utile de distinguer les négations qui impliquent le support d'un corps de celles qui s'inscrivent directement au niveau de la parole, du silence et du mutisme à la dénégation et au refoulement.

Cette perspective, comme le cas de B. peut le montrer, situe la séance analytique au niveau du symptôme. C'est en quoi elle participe d'un dire Non à l'impossible-à-supporter.

Séance-conflit et séance-lien

Penser la séance analytique comme un vecteur qui va d'un « dire Non » à un « dire Oui » implique de la penser aussi comme champ d'exercice de la « négation de la négation », une variation des Oui, dont Jacques-Alain Miller a présenté une galerie des portraits : l'assomption, le consentement, la résignation, la reconnaissance, la révélation, la renonciation (le *Versicht* freudien), versions plus ou moins satisfaisantes du consentement au « manque à être » ; là, surgit en contrepartie la réduction du symptôme à sa consistance libidinale.

Prendre la séance analytique dans la série des Oui et des Non, c'est aussi la penser à partir d'une opposition, ce qui travaille à accentuer la dimension conflictuelle de l'expérience que Freud a d'emblée reconnue. Les articles de *La Technique psychanalytique* peuvent être lus comme un itinéraire qui vise à alerter et orienter l'analyste, confronté à ce qui s'oppose au travail de remémoration et de perlaboration. La notion de « névrose de transfert », comme répétition et actualisation des conflits, fait de la séance analytique le lieu privilégié d'un nouveau rendez-vous avec le symptôme.

La séance analytique est alors comparable à un champ de bataille, à une « lutte entre le médecin et le patient, entre l'intellect et les forces instinctuelles, entre le discernement et le besoin de décharge [2] ». Si cette lutte, prise dans le champ du transfert, fait difficulté à l'analyste, elle assure aussi qu'elle ne se mène ni contre une ombre ni contre un cavalier inexistant. Lieu propice aux surprises, comme « lorsque le feu éclate pendant une représentation théâtrale », ou que la situation permet d'invoquer un « esprit infernal », la situation analytique exige de l'analyste une préparation (à travers sa propre expérience d'analysant) qui lui permette de « maintenir la situation analytique [...] et d'avoir la perspicacité de poser au moins une question à l'esprit, avant qu'il retourne au fond de l'enfer[3] ». Si les métaphores freudiennes ne sont pas toutes aussi dramatiques – la séance peut ainsi être comparée au « noble jeu d'échecs » dans « Le début du traitement » –, elles définissent toujours la séance dans la dimension d'un conflit, d'une confrontation.

Peut-être cette dimension inéliminable est-elle à rapprocher de la série des Oui et des Non telle que l'articulait Jacques-Alain Miller.

Jeune fille récemment pubère, C. arrive chez l'analyste avec une demande d'analyse quelque peu nébuleuse. Très rapidement son analyste ne sait plus que faire pour que cette analyse puisse sortir de l'oscillation entre un récit continu d'événements au jour le jour et une vérification constante des signes d'amour et de rejet qui lui viennent de l'analyste. L'association libre se convertit en une séquence signifiante où il n'y a pas de marge pour l'émergence, par rétroaction, d'un quelconque effet de signification susceptible de résonner pour le sujet. Toute scansion se montre inefficace, toute interruption de la séance semble sans répercussions sur les suivantes. Aucun retour sur une parole antérieure, à partir de quoi le sujet pourrait se reconnaître comme effet ; aucune intervention n'a d'incidence sur ce qui a été dit. L'autre face de la séance est entièrement recouverte par la demande d'amour, qui cherche à réduire tout propos de l'analyste à la valeur d'un Oui et d'un Non, aulne à laquelle l'analysante mesure son amour ou son rejet : « Vous êtes content de moi, oui ou non ? », « Vous allez m'abandonner, oui ou non ? » La série des Oui et des Non se montre dominée par l'exigence absolue de l'amour. Frustré, l'analyste imagine que ses concessions sont peut-être responsables de ce qui semble une déviance par rapport à la bonne conduite de la cure. Il tente, en vain, de reprendre les rênes, en recourant à ce qu'il suppose être les règles de bon fonctionnement. Prêt à abandonner, il écoute : « Vous ne pouvez pas arrêter mon analyse, puisqu'elle est mon ancre, mon soutien. » Identifié aux difficultés éprouvées par « Monsieur P., psychanalyste », telles que les a décrites Jacques-Alain Miller dans « Les contre-indications au traitement psychanalytique[4] », l'analyste s'éveille à la possibilité de penser la séance analytique dans une perspective autre que conflictuelle.

Le tableau et son cadre

Un passage du commentaire par Jacques-Alain Miller de *Die Wege der Symptombildung*[5] est précieux pour penser la séance analytique dans une dimension autre que conflictuelle. Il distingue la clinique de Freud, où le conflit est essentiel, et la clinique de Lacan, plus de nouage que d'opposition, où la solidarité des registres l'emporte sur leur éventuelle opposition.

Cette distinction s'étend aussi à la conception du symptôme. Si, avec Freud, le symptôme est une formation de compromis entre des forces conflictuelles, dans la clinique borroméenne de Lacan prévaut sa dimension de soutien de la réalité psychique, où un réel de satisfaction se marie avec son sens.

Nous nous autorisons de cette perspective sur le symptôme pour penser la séance analytique comme l'une des solutions symptomatiques par lesquelles un sujet cherche à réordonner son monde face à l'inconsistance de l'Autre.

La séance analytique, en tant que symptôme, s'entend comme contribuant à circonscrire ce que le sujet expérimente comme jouissance comme une satisfaction excédentaire. Elle peut être aussi ressentie par le sujet comme cause de souffrance, comme ce qui produit un excès. La notion freudienne de « réaction thérapeutique négative » nous alerte sur cette double incidence des signifiants sur la jouissance : d'un côté, un effet mortifiant par lequel le sujet cherche à circonscrire le déplaisir ; de l'autre, un effet inattendu et paradoxal, où la cause de l'excès est localisée dans l'expérience analytique même.

S'éclaire alors la structure de *Witz* de la fin d'analyse comme du dispositif de la passe. Le *Witz* est une transmission qui s'appuie sur une relation particulière entre parole et jouissance, au-delà des effets de mortification de la jouissance par la parole. Il s'agit d'un « savoir-faire » avec la parole engagée dans la production d'une jouissance circonscrite sans être mortifiée par le symbolique. Sur cette toile de fond peut s'entendre la formule « savoir y faire avec son symptôme », qui est une des définitions que donne Lacan de la fin d'une analyse.

On peut alors se demander si l'époque de l'« Autre qui n'existe pas » n'est pas celle dont les conditions favorisent toujours davantage un usage de la séance analytique comme symptôme, non comme effet de sens mais comme ancrage, point de capiton au service de la préservation d'une continuité dans la vie du sujet.

La notion de cadre peut alors prendre un sens nouveau, non comme conjonction de moyens nécessaires pour garantir le bon déroulement de l'analyse ou instrument au service de la règle actuelle, mais au sens que Lacan mentionne à propos de l'écriture de James Joyce. Dans l'anecdote du tableau de Cork[6], Lacan dégage la relation qu'établit cette écriture entre le cadre et ce qui est encadré. Qu'il s'agisse de la relation entre la forme des récits et le sujet (comme dans *Ulysse*), ou du signifiant qui toujours « truffe le signifié » (*Finnegans Wake*), cette relation témoigne du caractère de symptôme, ou sinthome, de l'écrit joycien, où la matérialité du cadre est atteinte à travers une pratique d'écriture qui sacrifie le sens au nom d'une consistance littérale de la libido.

Il faut alors se demander si, lorsque le sujet ne semble pas « faire l'expérience de soi-même comme corps parasité par la parole[7] », nous ne sommes pas dans une situation où le cadre se produit non à partir des effets de sens, mais avant, à partir des effets de lettre, dans la mesure où, dans la perspective borroméenne, la lettre peut être le support de l'encadrement.

Il y a lieu de se tourner vers ce qui pourrait être le cerne de la séance comme symptôme : la présence de l'analyste. Dans « La direction de la cure », Lacan attire l'attention sur ce qui, de cette présence, se dépose sous la forme d'un paiement : présence de paroles (dans ses effets d'interprétation) ; présence de la personne (en ce que la « personne » conflue avec le corps) ; présence d'un acte (orienté par le cerne de l'être).

La présence de l'analyste est celle d'un Oui dans sa double dimension : Oui de valeur agalmatique, qui se déduit de la présence d'un manque dans l'Autre ; Oui par où l'analyste se prête à incarner un objet, qui donne à un sujet la chance de faire l'expérience de son manque à être et d'en tirer les conséquences.

Daniel Roy

Du nouveau

Peut-on attendre de chaque séance d'analyse qu'elle apporte du nouveau ? Est-ce bien raisonnable ? Et, si tel est le cas, de quel ordre est ce nouveau ? Quel est son mode d'inscription et quel statut prend-il pour l'analysant ? Ce sont les questions auxquelles nous souhaiterions apporter quelques éléments de réponse. Nous sommes encouragé dans cette voie par la position très ferme qu'adopte Lacan à ce propos dans *Télévision* : « Or le discours analytique, lui, fait promesse : d'introduire du nouveau. [...] ce nouveau est transcendant : le mot est à prendre [...] mathématiquement. D'où ce n'est pas pour rien qu'il se supporte du nom de trans-fert[1]. »

À de multiples reprises, Lacan dans son enseignement met ainsi l'accent sur la radicale nouveauté du transfert et sur la nécessité de le situer au centre de l'opération analytique : c'est par le transfert que peut surgir du nouveau dans l'inconscient, dans la pulsion, dans la répétition, car, comme il le précise dans la suite de *Télévision*, « c'est l'attribut du patient, une singularité[2] ». Le transfert considéré comme une singularité prend alors la même place qu'un nombre transcendant par rapport à un nombre algébrique, c'est-à-dire qu'il est *sans commune mesure* avec lui : il s'agit de garder au transfert son hétérogénéité radicale par rapport au champ où il se déploie, celui de l'amour. De la même façon qu'un nombre transcendant est un nombre, l'amour de transfert est un amour véritable – c'est ce que Freud démontre sans ambiguïté dans ses écrits sur la technique psychanalytique – et pourtant radicalement nouveau. Ainsi ce nouveau est-il *sans commune mesure* avec le nouveau que l'analysant à l'occasion réclame ou dont il se plaint, qu'il espère ou qu'il redoute. Nous ferons l'hypothèse que le trajet d'une cure équivaut à l'effort de défense du sujet face à la nouveauté radicale du transfert, défense qui se déploie dans les trois champs de l'inconscient, de la répétition et de la pulsion, et que chaque séance est le théâtre de cet affrontement.

Moment d'ouverture

Nous partirons d'une séance choisie non pas « au hasard », mais « de rencontre » dans le « matériel » de la journée précédant la rédaction de ce texte.

Cet analysant est actuellement dans un moment de grand changement dans son existence : il vient d'être père, de « fonder une famille », et il se consacre à la construction du toit qu'il se fait une obligation de réaliser de ses propres mains pour accueillir cette nouvelle famille. Croyant ainsi contrevenir à tous ses idéaux antérieurs de marginalité sociale, il s'approche tangentiellement de la position de son père, ce dont il prend acte, mais surtout de la position qui commande à son fantasme d'être le chevalier servant des dames. Réponses par l'identification et par le fantasme qui viennent tenter de colmater la brèche ouverte par la paternité réelle. Lors de la séance précédente, il s'était rendu compte avec surprise qu'il fallait introduire une distinction franche dans les moments de séparation d'avec sa mère quand il était enfant, moments jusqu'alors uniformément associés à une catastrophe subjective : il y avait en effet une différence radicale entre les moments où lui-même partait et ceux où sa mère le quittait, ces derniers seulement déclenchant un grand désarroi. Ce qui s'aperçut alors pour lui, c'est le nouage entre la position d'impuissance qu'il affiche dans l'existence et son refus de calculer sur la castration maternelle, sur le manque dans l'Autre, aidé en cela par les manœuvres actives de la mère.

À ce moment d'« ouverture » de l'inconscient va répondre lors de la séance suivante le récit d'un rêve : « J'ai fait un rêve étrange. Dans une ville, j'étais chargé de trouver le centre de cette ville, avec un appareil. Je le trouvais, c'était une sorte de palais antique. Et là, il y avait une espèce de roi exotique, qui m'invitait dans le palais et me prenait sous sa protection. C'était une espèce de bouddha, relié aux statues par plusieurs bras ; il discutait avec moi sur un ton badin, disant qu'il y avait des courants d'air et qu'il voulait refaire les joints. Puis le ciel s'assombrit et il va faire une grande tempête, mais il n'y a pas de danger pour nous, vu la protection du palais. C'est un cyclone et nous sommes dans l'œil du cyclone. Un gardien m'envoie dans un bar, lui aussi très exotique, pour aller chercher une commande : là, il y a des femmes et, pour rentrer dans une pièce, il faut faire l'amour sur le seuil avec la femme qui garde cette pièce [...]. Il y avait aussi un autre rêve, c'était aussi dans une cour royale ; il y avait ma cousine et j'essayais d'avoir des relations sexuelles avec elle, mais il fallait être discret. »

Sur canapé

Nous nous demandons donc si du nouveau s'est introduit au cours de cette séance dans l'inconscient ou, pour mieux dire, si l'inconscient se manifeste ici comme « trouvaille » dans un moment d'« achoppement, défaillance, fêlure [3] », tel que Lacan définit la nouveauté radicale de l'inconscient freudien.

Dans le rêve lui-même, ce qui domine, c'est plutôt l'inverse : rêve de transfert, l'analyste y est appelé à une place de protection, de garantie, figure bienveillante mais qui n'est pas à l'abri de l'insulte («espèce de roi»), et l'entreprise apparaît plus de «colmater les joints» que d'explorer des significations nouvelles, du «matériel» nouveau, comme cela peut se produire à d'autres moments d'une analyse.

C'est au détour de ses associations sur ce rêve que la surprise va surgir, en fin de séance, là où il ne l'attendait pas. En effet il trouve volontiers «beaucoup d'analogies entre ce bouddha et ce qui se passe ici», et il précise qu'il me voit «comme quelqu'un d'érudit, qui a du savoir et, de ce fait, du pouvoir». J'interviens brutalement alors sur ce terme d'érudit : «Érudit, c'est un peu poussiéreux!» Cette intervention le dérange, il s'agite et, faisant part de son souhait de partir, il dit : «Je n'ai qu'une envie, c'est de me lever de ce canapé!» Il s'aperçoit alors que ce terme de «canapé» est malvenu pour désigner le divan et bredouille : «C'est un mot de ma mère.» J'interromps la séance en ce point.

Ce qui fait irruption alors, ce n'est plus la figure débonnaire du bouddha protecteur, mais celle du maître sévère dont il se ferait l'objet sexuel, position fantasmatique à laquelle il était verrouillé pendant les premières années de la cure, avec le soutien de sa position infantile. Le nouveau, c'est qu'apparaît là, dans ce trébuchement, «sur canapé», l'«invité de pierre» qu'il n'avait pas convié et qu'il ne se savait pas attendre. Dans cette séquence, le transfert est bien «mise en acte de la réalité de l'inconscient[4]», tel que Lacan le définit, en tant que «la réalité de l'inconscient, c'est – vérité insoutenable – la réalité sexuelle[5]».

Du nouveau dans la répétition

C'est paradoxalement que Lacan énonce dans le *Séminaire XI* que « la répétition demande du nouveau [6] », contrevenant au sens commun qui y voit éternel retour du même, mais c'est dans son *Séminaire XVII, L'Envers de la psychanalyse*, qu'il lève ce paradoxe, en précisant que « la répétition est fondée sur un retour de la jouissance [7] », retour qui, de passer par le signifiant, par le trait unaire, est toujours déperdition de jouissance. C'est en ce point, nous dit Lacan, que s'articule « un plus-de-jouir à récupérer [8] », que le sujet, à défaut de l'encaisser avec son effet de castration, va décliner dans son fantasme, « s'identifiant comme objet de jouissance [9] ».

Dans le cadre de la séance ici évoquée, l'effort du sujet pour garder la jouissance dans le champ d'un imaginaire de transgression ne lui permet pas d'échapper à cette implacable logique de l'appareillage de la jouissance par le signifiant qui s'indique dans le rêve par le droit de passage sexuel à payer aux « gardiennes du temple ». Le second rêve va effectivement se révéler comme tentative de récupération de jouissance, comme « fausse » répétition, dans le fil des associations de l'analysant. Son premier commentaire est en effet le suivant : « Ce palais était étrange, il avait un caractère très antique, comme les premières cités [...]. » J'interromps ici en le citant : « Les premières citées ? » Il fait le lien alors avec ses cousines et les jeux sexuels qui les unissaient dans un pacte de silence, qui a longtemps contraint sa vie amoureuse et qu'il n'a pu rompre que depuis peu de temps. En ce point, l'analyste, en ne consentant pas au cadre « poussiéreux » d'une archéologie psychique, à laquelle cet analysant se prêterait volontiers, indique à celui-ci le vif de la répétition dont il se fait l'objet. C'est nouveau. C'est nouveau que pour lui se nouent dans un même énoncé, sous le même trait – « premières cité(e)s » –, les édifices de son inconscient, ses prises fantasmatiques et la toujours « première citée », sa mère, qu'il ne tarde pas à évoquer dans ce montage.

Du nouveau dans la pulsion

Le champ de la pulsion est précisément délinéé par les associations du sujet à partir de son rêve : c'est l'« œil du cyclone », la recherche du « centre » qui lui font évoquer un des premiers rêves amenés dans la cure, où il est sous l'œil implacable de la caméra de son père, à laquelle il ne peut échapper. Dans la réalité, ce père, superbement impuissant face à sa femme, logeait ostensiblement sa jouissance dans une pratique « incontinente » de la caméra à tous les moments de la vie familiale. Qu'il puisse être l'objet qui satisfasse cette pulsion scopique du père le laisse dans une horreur fascinée, qui l'a conduit, à l'époque du rêve à la caméra, à une aventure homosexuelle ; cette « fixation » revient ici sous « une forme plus calme », précise-t-il. Il n'en reste pas moins qu'elle fait bouchon pour lui, parce qu'il s'agit d'une fixation de jouissance, à s'apercevoir que la pulsion n'atteint son but que d'« avoir marqué le coup[10] », l'objet étant indifférent, béance de la pulsion que le trait pervers tente en vain de combler.

Le nouveau dans le champ de la pulsion est ici à peine ébauché, dans le mouvement où l'objet regard s'isole dans un premier temps dans l'« œil du cyclone », comme centre vide, manque qui creuse la tempête et en est le moteur. Que le sujet ait là à advenir, notre analysant ne le sait pas encore.

En guise de conclusion

C'est le transfert qui noue, qui fait tenir ensemble répétition, inconscient et pulsion ; c'est lui qui, chaque fois, rend possible que surgisse, dans chacun de ces trois champs, du nouveau. Ce nouveau a structure de l'éclair qui, soudain, découvre au sujet que c'est à cette place qu'il logeait sa demande d'amour, ses objets pulsionnels, ses images narcissiques, pour y faire bouchon.

La séance est le lieu de ce nouage, de la répétition, de l'inconscient et de la pulsion par le transfert, chaque fois singulier selon la scansion terminale et les scansions intermédiaires, qui, de résonner à cette place, font « citations de jouissance » pour le sujet, comme nous l'avons vu pour notre analysant.

Il faut du temps pour que le sujet se confronte aux « premières citations » qui l'ont fait advenir. Alors seulement le nouveau révèle sa fonction de nouage symptomatique. La séance alors peut s'arrêter, quand le sujet se sait produit du savoir inconscient, divisé par la pulsion, appareillé de la répétition signifiante.

Cristina Drummond

D'un objet visé

> « [...] notre position dans le rêve est, en fin de compte, d'être foncièrement celui qui ne voit pas. Le sujet ne voit pas où ça mène... »
>
> J. Lacan[1]

Disons qu'un enfant peut dans une analyse construire un symptôme qui lui sera propre et qui lui fera quitter la position où il représente la vérité du couple parental. Lacan nous apprend à déchiffrer, à partir du cas du petit Hans, le symptôme phobique, infantile par excellence, comme un symptôme qui surgit au moment où l'identification au phallus imaginaire est ébranlée par le surgissement d'une jouissance nouvelle pour le sujet. Dans *Télévision*, Lacan affirme que d'une analyse on peut espérer savoir quelque chose sur l'inconscient qui détermine le sujet et qu'une analyse peut lui donner la possibilité d'une construction et, qui sait, d'un nouveau choix face au noyau qui lui fait horreur.

Les séances d'analyse sont déterminées par la rencontre avec un Autre, et nous voyons des enfants pris dans des scénarios répétitifs, souvent autour de mythes, tenter de circonscrire le réel auquel ils sont confrontés. L'analyste, à chaque fin de séance, peut jouer de la scansion, renvoyant le sujet à la prochaine fois, ce qui lui donne une chance de subjectiver son histoire ou d'advenir à sa vérité. Si les séances font série, c'est dû au fait qu'elles sont interrompues, coupées par l'analyste en accord avec le temps de la pulsion, que n'organisent pas, comme celui du signifiant, l'anticipation et la rétroaction. Certaines séances sont incluses dans la série, en même temps qu'elles font exception du fait qu'y est particulièrement explicité l'objet condensateur de jouissance pour le sujet. De rencontre en rencontre, faisant série, le sujet parvient à localiser le plus intime de son être, divisé par la pulsion.

J'aimerais réfléchir sur l'analyse d'un garçon qui, en reprenant son symptôme, a pu l'inscrire d'une manière nouvelle. Je prendrai appui sur les séances où le sujet a pu localiser, d'une façon précise, sa relation avec l'objet privilégié par rapport à l'Autre : le regard.

L'objet « regard »

C'est d'un délire de persécution que Lacan a isolé l'objet regard. Il n'est pas toujours facile de distinguer ce type de phénomène d'une phobie : le regard apparaît dans sa dimension d'objet quand le regard de l'Autre rejeté apparaît dans le réel. Lacan montre que le sujet s'expérimente comme manquant dès le stade du miroir, où s'inaugure l'expérience d'une jouissance qu'aucune parole ne peut nommer. L'image que le sujet se fait de lui et qu'il donne à voir se construit autour d'une béance, au plus proche de laquelle il aura à se reconnaître. C'est dire qu'il aura à se reconnaître, au-delà de l'identification avec l'idéal, dans cette part de jouissance hors sens impossible à capter dans le miroir : le point de jouissance dans l'Autre, d'où le sujet se donne à voir et est regardé, est insaisissable.

Dans son *Séminaire XI, Les Quatre Concepts fondamentaux de la psychanalyse*, Lacan précise qu'il y a une schize entre voir et regarder. La pulsion indique que le sujet est vu, qu'un regard est dirigé sur lui qui est exclu de son champ de vision. Ce regard permet de distinguer ce qui est de l'ordre de l'imaginaire de ce qui est de l'ordre du réel, où la pulsion se manifeste. Un sujet marqué de la castration ne voit pas les regards dans le réel parce qu'il y devient aveugle. Élidé pendant la veille, ce regard peut apparaître dans le rêve. Le regard invisible permet au sujet de cerner sa position par rapport à l'Autre. Retrouver ce regard fut un long travail dans le cas de Julio.

La cécité

Quand il vint en analyse à quatre ans, Julio souffrait de frayeurs variées. Elles avaient commencé après qu'il avait vu un film où un prince transperçait une énorme sorcière. Il interrogea sa mère sur cette scène, la réponse concernait le trou de la figure maternelle, innommable, qu'il ne voulait absolument pas voir. Ses terreurs apparurent alors : il ne supportait pas de toucher des cheveux, des poils, il ne regardait plus ce film qui jusque-là lui faisait très plaisir, ses cauchemars le conduisaient toutes les nuits dans le lit de ses parents.

Pendant le premier temps de l'analyse, Julio construisit des histoires de héros forts, de personnages paternels redoutables. Son travail élaborait une réponse à la question du désir de la mère en faisant appel au père. Une séance, après qu'eut surgi un nouveau symptôme, fit exception. Julio, en effet, commença à se plaindre chez lui de ne rien voir. Ses parents le conduisirent chez un oculiste qui l'adressa à un neurologue. Celui-ci conclut des examens qu'une lésion du nerf optique était possible. La situation était difficile à évaluer car seul Julio pouvait dire s'il voyait ou pas. Ce symptôme nouveau marquait une position d'autonomie du sujet et la présence, nouvelle, du regard comme objet privilégié. Sa mère me téléphona pour me dire qu'une rencontre avec l'analyste de son fils pourrait peut-être éclaircir la situation. Julio vint avec elle et me raconta ce qui était arrivé : il n'y voyait pas distinctement. Il fit alors une hypothèse, en se tournant vers sa mère : c'était peut-être arrivé parce qu'il était allé au parc. Je demandai pourquoi. Il répondit qu'il était allé dans un manège qui ressemblait à une montagne russe. La mère associa alors : son mari avait eu un décollement de la rétine probablement causé par une partie de montagnes russes.

Cette association suffit à ce que le symptôme disparaisse. Il reste curieux que Julio ait inclus la mère dans le déchiffrage, faisant retomber le défaut du regard sur la figure paternelle. Père, ne vois-tu pas…? Souvent la mère me racontait les rêves de son fils ainsi que ses difficultés à la maison et à l'école. Freud nous enseigne à lire la cécité comme une voie de satisfaction de la pulsion par le biais du refoulement, où le sujet récuse la fonction de l'organe pour sauver son désir et pour obéir à l'exigence pulsionnelle. Chez Julio, la manifestation de la pulsion scopique était un effet de l'identification au père, qui ne voulait rien savoir de la femme au-delà de la mère ; il voyageait avec ses amis, comme me le dirait Julio, et laissait sa mère seule… avec lui. Rendre aveugle le regard est ce que recherche en partie le sujet.

Un effet important de ce premier temps de l'analyse fut la naissance d'un frère, contrariant les attentes de la mère de Julio, qui s'était fait enlever chirurgicalement un ovaire. Cette naissance, qui fut vécue par le sujet avec une jalousie certaine, marqua la chute définitive de sa position de bébé de sa maman. Si le sujet a pu sortir de la position de combler le manque de l'Autre maternel, son interrogation sur le désir de la femme qui est au-delà de la mère est demeurée sans réponse.

L'« hallucination imprévue »

Un an après, un autre frère naquit. Cette fois, il prit cette naissance d'une manière beaucoup plus tranquille, et put ne pas considérer ce bébé comme un rival. Il en conclut qu'il se sentait bien et qu'il souhaitait interrompre son analyse. Il me dit qu'il reviendrait quand il le jugerait nécessaire, c'est-à-dire quand il serait prêt à affronter cet au-delà de la mère. Deux ans après, à dix ans, il me téléphona pour prendre un rendez-vous le plus rapidement possible. S'il revenait, c'était parce que sa solution de fermer les yeux était insuffisante pour effectuer sa séparation, opération qui articule le manque du sujet et celui de l'Autre. Il voulait sortir de la position d'ignorance de ce qu'il y a au-delà de l'apparence.

Ce fut alors le moment de formuler lui-même sa demande. Il dit qu'il avait peur d'être agressé par des vauriens, qu'il faisait beaucoup de cauchemars et qu'il voulait se libérer de tout ça, comprendre ce qui lui arrivait. Ses rêves étaient toujours angoissants, il y était toujours poursuivi ou risquant sa vie. À partir de ses symptômes, le sujet phobique est capable d'adresser sa division à quelqu'un qui peut lui répondre : les portes du sujet supposé savoir sont ouvertes.

Julio me dit qu'il posait toujours des questions, et sur tout. « Qui a une bouche va à Rome [2]. » S'il demandait, c'est parce qu'il éprouvait un manque. Dans le *Séminaire IV*, Lacan oppose le pervers au phobique, il dit que le pervers est un simple amoureux de la nature et le phobique un métaphysicien, ce qui le conduit à interroger le point où quelque chose manque. C'est pour cela qu'il questionne. Il questionne la nature, s'interroge sur l'être, sur la castration.

Les rêves continuèrent, et étaient toujours aussi angoissants. Il s'astreignit à me raconter ce qu'il pensait être en relation avec ses rêves et ses frayeurs. En même temps, il parla de mutations subjectives, des « aventures » qu'il avait vécues avec des amis. Il apporta son skate pour me montrer ses manœuvres.

Survint alors une séance en dehors de la série, comme antérieurement. Julio arriva très angoissé, me dit qu'il avait eu une hallucination. Ce n'était pas une illusion, il ne s'était pas trompé, comme cela lui arrivait fréquemment quand, dans un lieu à moitié obscur, il pensait voir des choses à cause des ombres. Non, cette fois il avait réellement vu une main. Je lui demandai ce qui lui était arrivé dans la nuit. Il ne se souvenait de rien, seulement qu'il était allé dans le lit de ses parents, ce qu'il ne faisait plus depuis longtemps, parce qu'il était très effrayé. Je l'invitai à associer, il se rappella alors qu'il avait fait un rêve – il ne savait pas si c'était avant ou après l'hallucination. Il avait rêvé qu'il entrait dans un lieu où il y avait plusieurs cadavres pendus à des crochets et que l'un d'eux lui faisait un clin d'œil. À cet instant, il avait été pris de panique, il était resté sans savoir s'il était le coupable, et s'était réveillé.

Il associa le rêve à un film qu'il avait vu quelque temps auparavant, où le héros entrait dans une maison et voyait tous les membres de sa famille morts et pendus comme dans son rêve. Dans le film, ce garçon était accompagné par son père et celui-ci se mettait à pleurer en voyant la scène ; alors le garçon sortait. Dans le rêve, Julio était seul face à la scène et à la figure du mort dont le regard faisait énigme pour lui. Était-il coupable d'un désir ?

Déjà plus calme, Julio revint alors à son hallucination et conclut qu'elle était survenue après le rêve et qu'elle devait avoir une relation avec lui. À la séance suivante, il poursuivit le travail pour cerner cette rencontre avec le réel, qu'il appela l'arrivée de l'« hallucination imprévue ». Il raconta qu'il participait à des jeux à l'école, mais qu'il devait protéger « les mères » (il fit un lapsus : *maes* = mères et *maos* = mains) quand il était gardien de but. S'il prenait un but, ou s'il se trompait, il ne voudrait pas être responsable de l'échec de son équipe, il ne le supporterait pas. Coupable du manque de l'Autre, de ne pas protéger l'Autre du manque, d'avoir un désir au-delà de la mère. Il raconta aussi que sa mère voulait recommencer à travailler, qu'elle avait fait une grande erreur en s'arrêtant pour s'occuper de ses enfants (en vérité de lui, qui fut fils unique jusqu'à six ans). Il raconta encore que les mères des élèves de son collège réclamaient que des repas soient servis à la cantine et qu'il ne pourrait plus en ce cas manger les salaisons qu'il aimait tant. Les mères ne peuvent supporter que les fils désirent.

Il dit que beaucoup de ses rêves et frayeurs étaient en relation avec des choses qu'il avait vues et me montra ses livres pour que je voie ces images d'êtres fantastiques. Voir une navette spatiale fendre le ciel exacerba sa peur de E.T. Si un jour il devait le voir, il en mourrait de frayeur.

La « phobie de la punaise »

Il dit que maintenant la seule chose dont il eût toujours la même phobie, c'était le *barbeiro*. L'usage précis qu'il faisait des termes « hallucination », « phobie », « illusion » dénotait de la part de ce sujet un savoir sur le fonctionnement de son inconscient, effet de son travail analytique. Il avait un tel dégoût des *barbeiros* qu'il pensait que si l'un d'eux logeait chez lui, il s'évanouirait. Là il dit : les tuer ne résoudrait rien parce que l'odeur qu'ils exhalent empirerait. « *Barbeiro*[3] ? » demandai-je, ce mot a plusieurs sens. Il était d'accord, et répondit que ce terme pouvait être le type qui coupe les cheveux, celui qui conduit n'importe comment, mais que son *barbeiro* était la punaise.

C'est dans le manque de l'Autre que le sujet rencontre l'équivalent de ce qu'il est. La « phobie de la punaise », c'était ainsi que, maintenant, Julio nommait son symptôme et le localisait exactement sur le défaut du regard, là où il n'est pas faiblement perçu mais vu, le recouvrant, l'habillant d'un objet. Le symptôme phobique est une négation que le sujet tente de poser sur la jouissance mais qui présentifie quelque chose du désir du sujet. Dans le Livre VIII de son *Séminaire, Le Transfert*, Lacan nous enseigne que la fonction de l'objet phobique est de désigner la jouissance, le vide dans l'Autre. Au moment où Julio circonscrit sa phobie dans la punaise, nous voyons les deux versants de l'objet phobique, d'un côté un signifiant et de l'autre un objet qui cause la répulsion. *Perce... vejo*[4] (perce(voir)... je vois). C'est ici l'affirmation que le sujet jouit par le regard. Avoir circonscrit la jouissance ne fut pas sans effet d'apaisement sur le sujet.

Le désir de l'analyste implique un désir de savoir au-delà du déchiffrage, il désigne le savoir qui se déchiffre moins qu'il gouverne la série des chiffres. Ce moment de cette analyse permet de voir la limite étroite entre l'apparition de la présence du signifiant et la castration, la relation intime du désir avec le signifiant. Si l'objet n'est pas capturé dans l'analyse, il peut être visé. Ainsi peut être obtenu un changement de position du sujet dans sa relation à la jouissance qu'il refusait jusque-là. La solution que Julio a trouvée est une façon de soutenir son désir pour aller au-delà de l'assujettissement angoissant où il était confronté au manque de l'Autre. Pourra-t-il parvenir à un autre mode d'articulation ?

Christine Le Boulengé

La boussole du réel

> « Entre l'homme et la femme,
> Il y a l'amour,
> Entre l'homme et l'amour,
> Il y a un monde.
> Entre l'homme et le monde,
> Il y a un mur. »
>
> Antoine Tudal [1]

Parler de la séance analytique telle que nous nous la coltinons au quotidien nécessite de parler de la clinique, puisque c'est la clinique qui fait la séance, celle-ci étant l'offre faite par un, le « psychanalyste », d'accueillir la parole d'un autre, le « psychanalysant », avec chance de réponse. Prenons donc la séance comme un cadre vide dans lequel, par l'accueil de la parole et du transfert qu'elle emporte, peuvent advenir l'ouverture de l'inconscient et la mise en jeu d'une jouissance ininterprétable, dont le serrage et l'extraction constituent l'opération proprement analytique. Lacan nous a montré comment ces deux aspects, inconscient et jouissance ininterprétable, sont intimement noués, en faisant valoir que l'inconscient travaille pour la jouissance, et en définissant le symptôme comme « la façon dont chacun jouit de l'inconscient en tant que l'inconscient le détermine [2] ».

Or, comme il le remarque en 1965, « le clinicien doit savoir qu'une moitié du symptôme, c'est lui qui en a la charge[3]». Cette moitié n'est pas la part interprétable du symptôme, là où il prend sens de l'inconscient. Parce que, comme Jacques-Alain Miller a pu le faire valoir en 1995 avec sa thèse de l'«inconscient interprète[4]», l'interprétation n'est pas l'apanage du psychanalyste et elle ne fait que renforcer le symptôme comme mode de jouissance de l'inconscient, comme «sens-joui». Reste ainsi à prendre en charge la part de jouissance ininterprétable du symptôme, part silencieuse donc, même si elle peut à l'occasion se manifester bruyamment, et qui contraint ledit clinicien à endosser une certaine inertie, un «je ne pense pas» s'opposant par principe au «je pense» de l'élaboration.

Réinventer la psychanalyse

Il y a donc une certaine aporie à parler de la séance, de la clinique à partir de la place de l'analyste : on ne peut en parler qu'à reprendre en quelque sorte une position d'analysant, refendu par sa cause. Cette aporie ne nous autorise pas pour autant à nous en tenir quittes, pas plus d'ailleurs que nous ne sommes quittes de l'interprétation[5]. Je partirai donc d'une séquence clinique qui s'est construite sur trois séances. Cette vignette ne vient pas à proprement étayer une thèse sur la séance analytique ; bien plutôt, elle tente d'en rendre la texture même, celle qui nous enseigne et nous oblige, à chaque séance, à «réinventer la psychanalyse[6]» avec, pour seule boussole, le réel.

«Vacances infectes..., me déclare cet analysant au retour de l'interruption estivale, ... à cause de ma femme.» Après moult tergiversations, il finit par lâcher le morceau – un détail – : «Sur cette plage isolée, fréquentée par quelques naturistes, elle a refusé de se mettre nue. Elle a gardé sa culotte.» Je lève la séance sur cette cause ainsi posée de l'infection vacancière, dont l'incongruité lui échappe complètement. La prudence m'impose le silence mais ne m'interdit pas de me montrer extrêmement préoccupée par l'affaire. À l'orée de la séance suivante, je lui dis, sur le ton de la confidence et toujours avec le même air, que ce qu'il m'a dit m'a en effet beaucoup préoccupée.

Cet homme, dont l'oblativité conjugale n'avait d'égale que sa collection d'aventures féminines, s'est précipité dans l'analyse après que sa dernière maîtresse a déstabilisé cet équilibre qui faisait sa bonne santé, en en dénonçant la façade trompeuse. « Je suis un tricheur de vie », me dit-il en quelque sorte d'entrée de jeu, et « rien ne me résiste ». Me voilà prévenue! Il s'applique depuis lors à la fidélité conjugale tout en me contant par le menu la détérioration du couple, qu'il impute à la mauvaise volonté de sa femme et qui n'est pas sans évoquer ce que comporte le fantasme du névrosé, « de s'absenter là où il est appelé à se manifester dans la conjonction sexuelle[7] ».

Il commence cette deuxième séance en parlant de rêves à répétition qu'il fait de longue date : il lui manque toujours une pièce de vêtement, une pièce du bas – slip ou pantalon. « Ah! Votre femme garde sa culotte et vous rêvez que vous n'avez pas la vôtre! » Il a, ajoute-t-il, toujours vu ses parents nus et a donc pu constater d'emblée que sa mère avait des seins, que son père n'en avait pas, que sa mère avait un « triangle de fourrure bouclée » et que son père avait, à la place, un sexe. La particularité de l'énonciation, qui situe l'avoir du côté de la mère, explique qu'il origine dans ce naturisme parental son intense plaisir à voir une femme nue, plaisir à peine sublimé dans la jouissance évocatoire, du bla-bla : il se dit passé maître dans l'utilisation, à des fins de séduction, de certains mots évoquant le sexe féminin, tel « triangle génital » qui clôt la deuxième séance.

Deux rêves font l'objet de la troisième séance. Dans le premier, une femme lui frotte des moules à l'entrejambe, il en éprouve un plaisir intense. Les moules sont des parallélépipèdes rectangles creux, « moules » parce qu'ils permettent de mouler un objet « en négatif ». Enfin, « moule », dit-il, désigne incontestablement le sexe féminin.

Ce joli délire géométrique fait pièce à la castration maternelle et rend compte de sa position dans le monde : il s'agit pour lui en effet de se mouler au sexe féminin, en interprétant le manque dans l'Autre par la demande qu'il lui suppose et qu'il s'est épuisé à combler. Chevalier servant, tel Bel-Ami, avec ses mollusques et ses conques, il « paye l'écot que l'hystérique exige, par sa jouissance même [8] ». Il paye l'écot... tout en prélevant sa dîme : c'est la contrebande que lui a révélée sa dernière maîtresse. Et c'est à cette contrebande que sa femme s'adresse : en refusant son écot, elle vise la dîme masquée derrière son oblativité. Elle fait par là signe de l'au-delà de la demande et du don, elle fait signe de la castration. C'est ce qui lui est intolérable.

Un moment de réveil

Le second rêve a pour cadre un supermarché dans lequel il s'amuse beaucoup à tout saccager tandis que les caissières s'efforcent de sauver les biens. Ce rêve est l'envers de la vie quotidienne, où ce qu'il appelle ses « obsessions » – de la propreté, de l'ordre, du non-gaspillage – l'ont rendu maître dans l'art d'accommoder les restes et où les incessants reproches qu'il fait à sa femme pour sa négligence et sa désinvolture en ces matières ne sont pas sans grever lourdement le contentieux conjugal. Il associe ensuite sur une phrase de Freud – « il faudrait que les hommes acceptent que la perfection n'existe pas » – qui l'a interloqué au point de l'arrêter dans sa lecture; il a oublié, dit-il, de m'en parler précédemment. « C'est très vrai ! » reconnaît-il, et il en conclut qu'accepter l'inexistence de la perfection, c'est en somme accepter de casser ou de faire des taches, comme il le fait dans son rêve. Non seulement l'accepter, mais y prendre du plaisir : « C'est ça, la liberté ! »

Afin de mettre un bémol à la libération de cet homme qui l'invite au saccage, je lève cette troisième séance en grommelant que le saccage n'est pas nécessairement l'antidote de la perfection, qu'il peut aussi consister à vouloir maîtriser l'imperfection en faisant comme si elle ne dépendait que de nous, ce qui revient à sauver la perfection. Il m'apparaîtra après coup que cette intervention, destinée à contrer la voie de la destruction, grimace du réel, venait aussi contrer une identification au père. Si peu preste et toute pataude qu'elle ait été, cette intervention ne restera tout de même pas sans effet dans les séances suivantes.

Il percevra effectivement pour la première fois la « désinvolture » de sa femme comme la marque de quelque chose qui, chez elle, lui échappe malgré elle et sur lequel, dit-il, il n'aura jamais la maîtrise : « Dans sa désinvolture, elle ne s'adresse pas à moi. Elle fait les choses hors de moi. Par exemple, elle me regarde. Non, ce n'est pas qu'elle me regarde, c'est qu'elle laisse tomber un regard sur moi. Voilà : elle laisse tomber. » Il reconnaît que son exaspération s'adresse surtout à ce point-là qui fait sa femme pas toute à lui. D'elle, il n'aura donc que ce regard, « soit trois fois rien », qui fait surgir un ailleurs dont il est exclu, et cela, quelle que soit sa volonté à elle – bonne ou mauvaise –, c'est de la structure de la jouissance phallique. En effet, comme le dit très bien la *manuductio* de *Télévision* : « Au "rendez-vous" avec l'(a), si c'est jouissance de femme, l'Autre prend ex-sistence, mais non pas substance d'Un » – d'où sa mauvaise humeur, « une vraie touche du réel »[9].

De l'Autre de la demande qui exige sa castration à l'Autre de la jouissance qui fait l'exil du rapport sexuel, la mauvaise humeur a changé de statut. Voilà un moment de rectification subjective qui correspond à un moment de réveil.

Moment seulement, mais qu'il saisit en construisant une première ébauche de son fantasme, alors que la jouissance qu'il en tirait, jusque dans la conjonction sexuelle, vacille. Il réalise en effet qu'il ne s'occupe pas tant de son plaisir mais plutôt de celui de sa partenaire, qu'il se voue à combler, et qu'il s'interdit donc en quelque sorte la jouissance sexuelle, l'ayant remplacée par le plaisir de se voir – de se voir donner du plaisir –, dont il se soutenait jusqu'à présent dans l'acte sexuel. Et cela ne marche plus si bien. Voilà un aveu de la dîme et de sa mise en fonction dans le fantasme comme tenant-lieu du rapport sexuel. Notons que cet aveu se fait au moment où l'assurance prise dans le fantasme chancelle.

Une séance n'est pas l'autre

Il me semble que cette série de séances s'organise selon la séquence suivante :

1. Démenti de la castration maternelle.
2. Réduction de l'Autre sexué à l'Autre de la demande qui exige sa castration.
3. Rêve de libération par la maîtrise de la castration.
4. Intervention contrant cette solution au nom du père.
5. Aperception de l'au-delà de la jouissance féminine.
6. Vacillation de l'assurance prise dans le fantasme et aveu de celui-ci.

Cette séquence se dégage de trois séances avec des effets sur les séances ultérieures, effets ponctuels et qui se refermeront sans doute pour un nouveau tour, mais elle donne un aperçu de l'enjeu de cette cure. J'ai choisi de la présenter parce qu'elle m'a éclairée sur le fait que, de séance en séance, de petit détail en petit détail, une même logique est à l'œuvre, celle des rapports du sujet avec le réel. Le réel, c'est ce qui boute le feu partout – pas le feu chaud, commente Lacan[10], ce masque du réel qui fait les aléas tragicomiques des scènes de la vie conjugale, mais ce feu froid, « proche du zéro absolu », que Lacan appelle aussi « exil du rapport sexuel » et dont nous ne saisissons que des trognons, tel ce regard laissé tomber.

Une séance n'est pas l'autre. Chacune décline une version de son rapport au réel. L'éventail de la scène du monde qui va du noble au bouffon en passant par le tragique et le comique[11], cet éventail, les remaniements constants des énoncés dans ce « dites n'importe quoi » de l'association libre et l'attention aux petits détails qui font les ramifications de son organisation fantasmatique ont pour effet qu'il n'existe pas deux séances analytiques qui soient pareilles. Pas de standards possibles, donc. « Comment, sans soupçonner l'objet qui à tout cela fait pivot [...], pouvoir en établir la science[12] ? » poursuit Lacan.

Une seule boussole

Notre seule boussole, c'est le réel. Drôle de boussole, qui est hors sens et qui ne peut donc que mentir !

Seule cette boussole du réel, du réel comme différence absolue, permet de concevoir qu'il y ait place pour du nouveau qui n'était pas déjà dans le sens et qui puisse se transmettre. Pas d'autre voie d'accès possible du particulier à la vérité. Le particulier, c'est le symptôme, cette « injection de signifiants dans le réel[13] », signifiants qui prennent valeur particulière pour ce sujet-là, valeur de réel. Dans la séquence présentée, il se décline sous l'occurrence du regard qui organise une chaîne, « chaîne de jouis-sens[14] » ou « chaîne de lettres[15] ». Il y a d'autres occurrences, qu'il s'agira pour lui de décliner. Par le serrage de ces chaînes, et « à condition de n'en pas rater une[16] », l'apparente nécessité du symptôme peut se révéler pour ce qu'elle est : contingente. Le réel s'avère dès lors « zéro absolu » et le symptôme, mode de traitement, ouvert à de nouvelles contingences, du réel. Ce qui change un destin.

Négliger cette boussole pour se fier au sens, qui n'est jamais que le sens commun, nous condamne à l'affection du même qui, ramenant le particulier à la généralité, ferme définitivement le champ de l'inconscient, tout en le laissant travailler... pour la jouissance, dont la métonymie se métastase. Aucune chance dès lors d'opérer sur ce noyau de jouissance ininterprétable qui fait le cœur du symptôme et le cadre du fantasme.

D'une telle négligence, aucune raison de se croire à l'abri : pour maintenir cette boussole, il faut « toute la gomme ». Pas de neutralité donc, fût-elle bienveillante, mais « payer de mots », « payer de sa personne » et « payer de son jugement le plus intime ».[17]

Roger Cassin

Rendez-vous et psychose

« Les analystes dociles ne saisirent pas l'élasticité des règles que j'avais formulées et [...] ils y obéissent comme si elles étaient taboues », écrivait Freud à Ferenczi le 4 janvier 1928[1]. S'il n'a pas été prolixe sur les modalités techniques de la cure psychanalytique, Freud a précisé que la technique qu'il appliquait lui était personnelle[2]. En effet, comme il l'indique dans le compte rendu du cas de l'Homme aux rats, il n'y a pour lui qu'une seule règle de la psychanalyse, celle de l'association libre : « Dire tout ce qui vient à l'esprit. »

Les standards tenus par l'Association psychanalytique internationale (IPA) comme critères absolus et exclusifs de la psychanalyse sont des règles temporelles, de durée et périodicité des séances. Devant la dispersion des courants théoriques, l'unité de l'IPA se maintient en se rétractant sur un dogme réduit à des règles horlogères considérées comme condition *sine qua non* de la qualification psychanalytique. Constatant que l'on n'est d'accord sur rien, on pense qu'il est encore possible de l'être sur le temps.

Ces collègues semblent croire en une unicité du temps. Or, pour les scientifiques, le temps n'est plus ce qu'il était pour Newton, et la supposition d'une notion intuitive de temps absolu sur laquelle des observateurs différents pouvaient se mettre d'accord est périmée. L'espace-temps de Minkowski et la relativité ont remplacé cet absolu mythique du temps.

Quant aux tentatives du philosophe de faire coïncider temps intime, temps du monde et temps de la science, elles sont révolues : le mythe qui était encore vivace quand les astres revenaient en cycles immuables régler nos journées n'est plus en mesure de faire réponse quand le temps est mesuré par l'horloge atomique.

Sans illusion de neutralité

Dans le champ de la psychanalyse, la notion de durée est liée au battement d'ouverture et de fermeture de l'inconscient, « pulsation de bord [3] » où Freud indique l'origine de la notion de temps [4], la notion de succession étant organisée par la rétroaction de l'après-coup *(Nachträglichkeit)*. La temporalité de l'expérience psychanalytique n'est pas celle que mesurent les pendules et les calendriers, mais celle du temps logique. Dans le maniement du temps des séances, « la scansion du discours du patient en tant qu'y intervient l'analyste [5] », est essentiellement liée à l'interprétation et à l'acte analytique, lui-même sans garantie.

L'application systématique de séances chronométrées s'argumente de la neutralité de l'analyste. Cette illusion d'une neutralité prouvée par l'horloge indique la croyance en un Autre de l'Autre garant de l'acte (ou plutôt de son absence) [6]. La référence ultime de l'expérience psychanalytique trouverait une véritable garantie : le Temps.

Les analystes des divers courants de l'IPA négligent rarement dans leurs publications de réserver un paragraphe au nécessaire respect du « cadre ». Cette révérence au standard est présentée comme essentielle dans la direction de la cure de patients non névrosés (psychotiques, ou dits *borderline*), pour qui ces auteurs reconnaissent qu'une orientation de la cure différente de celle des névrosés est nécessaire, mais en spécifiant donc que le «cadre» doit être absolument respecté[7].

Dans le champ de l'orientation lacanienne, la question du caractère psychanalytique du travail avec des psychotiques est posée autrement, qu'il s'agisse des psychoses déclenchées ou non déclenchées : «Dans une névrose il s'agit de déchiffrer les symptômes et d'aller du symbolique vers le réel [...], dans les psychoses, à l'opposé, il s'agit d'aller du réel vers le symbolique. [...] de traiter le réel par le symbolique à travers la constitution d'un symptôme[8].» Le psychanalyste doit se faire le témoin et le lieu d'adresse de cette élaboration sinthomatique. La condition pour cela est que le psychanalyste ait «élidé» la croyance en la possession d'«une idée adéquate de la *réalité* à quoi son patient se montrerait inégal»[9]. Rien ne nous autorise à considérer le fantasme qui organise notre réalité psychique comme autre chose qu'un délire. Rien ne devrait nous autoriser à considérer notre temporalité comme autre chose qu'un vague compromis.

Le «cadre» et l'«établissement de limites spatiales et temporelles pour l'interaction»[10] ne sont que la tentative de l'imposition d'une réalité commune au psychotique et au psychanalyste – l'imposition de la réalité du psychanalyste, en fait, avec son illusion de neutralité chronométrée.

Le point de capiton de la signification phallique étant carent, la temporalité dans la psychose va de l'éternisation à la brisure et au morcellement, la durée étant volontiers ignorée et la succession en suspens.

Le temps réglé de la séance n'a souvent pour le psychotique d'autre signification que le caprice pointilleux de l'Autre. Il peut s'en faire, quand il est paranoïaque, le contrôleur soupçonneux.

L'horaire du rendez-vous, modalité pratique pour une rencontre, peut être, de même, une notion obsolète pour le psychotique, apparaissant comme une exigence persécutive de l'Autre. Un schizophrène en analyse depuis un an m'a montré combien ces modalités de fonctionnement devaient être maniées avec tact.

À des horaires variables

Bien que je lui aie proposé, lors des premiers entretiens, des rendez-vous précis, cet homme se présentait à mon cabinet à de tout autres horaires, imprévisibles. Le rythme des rendez-vous, tous les deux jours, était maintenu mais les séances étaient, de son fait, à horaires variables. Lors des premiers entretiens, comme je lui rappelais l'heure de son rendez-vous, il me répondait en souriant : « J'essaierai, si vous pensez que c'est mieux. » Il était clair qu'il me prévenait que lui ne le pensait pas – il se rendait d'ailleurs à la séance suivante à une heure aussi imprévue. Mes rappels à l'heure face à une réponse à la Bartleby étaient sans effet. Devant la persistance de cet homme, pourtant courtois, à ne pas tenir compte des rendez-vous, je décidai d'abandonner ces références à une ponctualité qui ne semblait pas être de son registre, l'heure d'un rendez-vous n'ayant manifestement pas pour lui la même signification que pour moi. Il avait en effet une vie qui n'était pas rythmée par l'heure astronomique : il dormait beaucoup, marchait longtemps. Sa négligence des horaires paraissait en opposition avec la remarquable précision avec laquelle il datait certains événements de sa vie, et particulièrement le début de son envahissement hallucinatoire sensori-moteur. En effet, le 21 juillet 1998, à six heures dix du matin, il s'était réveillé avec une sensation de « décharges d'électricité » dans le corps, le traversant de haut en bas en vagues successives, qu'il appelait « vagues de stress ». Cet état était insupportable, d'autant qu'il était « poussé à courir sans s'arrêter » dans le couloir de la maison familiale. La course pouvait durer des heures et ne s'arrêtait que quand l'épuisement l'abattait ; après plusieurs jours, il avait réussi à remplacer cette course par une marche rapide. Nous étions en septembre quand il décida de me rencontrer, et il avait passé l'été dans ces souffrances, assailli par ces sensations insupportables.

Les séances eurent donc lieu à des horaires variables. Il attendait parfois longuement dans la salle d'attente, et il lui arrivait aussi de se heurter à une porte close – il revenait alors un peu plus tard et me signalait mon « absence » d'un « Vous n'étiez pas là ce matin ? » étonné. Ses sensations corporelles le laissaient perplexes. Il en recherchait l'origine en se remémorant les événements marquants de son histoire, tous datés précisément : l'absence prolongée plusieurs années pendant sa petite enfance de son père travaillant à l'étranger, l'émigration de la famille rejoignant le père, le retour en France à l'adolescence, la retraite du père, l'étrangeté de celui-ci, patriarche énigmatique ayant migré à travers l'Europe et l'Amérique.

Il décrivait un malaise dans ces relations avec les autres débutant dans l'enfance, malaise dont il situait le commencement à l'âge de sept ans, lors de son arrivée en Amérique où la famille était venue rejoindre le père (impression de rejet et d'hostilité). La scolarité se déroula cependant sans autre perturbation. Il avait fait d'assez longues études, tout d'abord des études scientifiques, interrompues quand il avait souffert de ce qu'il appelait sa « première dépression ».

En effet, depuis plusieurs années, il avait « perdu goût à la vie » : vers vingt-deux ans, un échec amoureux le laissa dans ce qu'il appelait « un état d'effondrement ». Un trait d'érotomanie – il ne percevait pas comme tels les refus discrets de la jeune fille élue et prenait son amicale politesse pour une invite – l'amena à une nette et pénible rebuffade. Il pensa alors devoir renoncer définitivement à tout élan amoureux et traversa une période de détresse et d'isolement de plusieurs mois. Il admit cependant la réalité de cette rupture et cessa de poursuivre cette jeune fille de ses assiduités.

Le déclenchement

Il y eut donc à vingt-deux ans un déclenchement psychotique en deux temps. Une ébauche d'un délire érotomaniaque lors de la première rencontre avec l'autre sexe : l'absence de signification phallique fit qu'il ne trouva de réponse à ses émois sexuels que par l'attribution à l'élue d'une demande d'amour. Puis un décrochage sous un mode mélancoliforme après un cuisant refus et la rencontre d'un Père sous la forme d'une injonction du père de la jeune fille à cesser d'importuner celle-ci.

Un raccrochage à l'Autre par identification à son frère jumeau réussit cependant à le sortir de cet état. Son frère l'entraîna dans ses sorties, il reprit des études, cette fois identiques à celles qu'effectuait ce jumeau, et les poursuivit avec succès jusqu'à l'obtention de la maîtrise, les frères jumeaux étudiant et sortant de conserve, fréquentant les mêmes amis. Stabilisation, donc, sur un mode imaginaire qui allait se maintenir quatre ans.

Mais si lui ne s'intéressait pas aux jeunes filles, en fait parce qu'il rêvait encore à son premier amour malheureux, son frère se trouva une compagne et s'éloigna.

Nouveau décrochage alors, avec la perte de son double.

Il traversa à nouveau un état d'abattement, restant confiné chez ses parents, vivant dans un état de repliement total. Ayant perdu l'appui imaginaire de l'identification à son jumeau, il lutta contre une détresse qui eut des répercussions sur son corps, sous la forme d'asthénie et d'hypersomnie, par des exercices corporels, des jeûnes et des restrictions alimentaires.

La rencontre d'un personnage mystérieux aux accents prophétiques, émetteur d'une signification énigmatique, déclencha un accès cette fois nettement schizophrénique, avec pour la première fois des phénomènes hallucinatoires corporels, cénesthésiques et moteurs.

Il s'agissait d'un masseur japonais, adaptateur d'une médecine naturelle qui, après des massages sur les vertèbres, lui avait dit qu'« il se passerait quelque chose dans les huit jours », ce qui pour lui fit énigme. Trois jours plus tard, le 21 juillet 1998, il « sautai[t] en l'air », le corps « muni d'interrupteurs », points qui dès qu'il les touchait provoquaient des « décharges de stress ».

L'importance qu'il attribuait aux dates m'amena à lui demander, alors qu'il évoquait à nouveau son « grand stress du 21 juillet 1998 », si cela était important que ce soit le 21 juillet. Il m'expliqua alors avec vivacité sa construction.

Son affaire amoureuse s'était produite en juillet 1990 : le 15 juillet 1990, de passage dans la ville où habitait la jeune fille, il lui téléphona, souhaitant la rencontrer. Elle lui répondit très aimablement, très gentiment : occupée, elle lui proposait de venir lui rendre visite à une autre occasion, bientôt. Le 17 juillet, il laissa un message sur son répondeur téléphonique. Le 18 juillet, le ton changea : il lui proposa de lui rendre visite, elle répondit qu'elle ne le souhaitait pas. Le 21 juillet, il appela à nouveau, mais c'est le père de la jeune fille qui répondit et lui demanda de cesser de l'importuner. « Ce jour-là, j'ai été fusillé. » Or ces datations de son aventure amoureuse n'avaient pas été évoquées antérieurement.

Et il ajouta : « Le 21, c'est aussi le numéro de la carte du tarot chinois qui signifie "procès criminel, jugé avec peine légère", carte tirée début juillet, avec aussi une autre, la numéro 7, qui signifie "armée populaire", ce qui dit bien ce que j'ai ressenti quand j'ai été envahi, en moi-même comme en territoire étranger, comme par une loi interne. J'étais comme habité par les monades, les monades de Leibniz. » Le « procès criminel » l'intrigua un peu, car il n'avait jamais fait de mal. Il en conclut qu'il s'agissait sans doute d'une faute dans une vie antérieure.

Une autre réponse

Ainsi, lors de ces séances à horaires variables, un délire s'élaborait qui répondait à l'énigme et à la perplexité par une corrélation précise entre date et date, signifiants répondant aux signifiants, parvenant ainsi à appareiller la jouissance qui actuellement a déserté le corps, ce qui le dispense de marcher sans cesse.

Jacques-Alain Miller nous invite à considérer que « psychose et névrose sont susceptibles d'une perspective commune ». « Ce qui paraît primordial, c'est l'instance d'un signifiant corrélé à un vide énigmatique de la signification. Le névrosé trouve au vide énigmatique de la signification une réponse normale universelle : cela veut dire le phallus... »[11].

Le psychotique a à élaborer une autre réponse. Ici, c'est une signification délirante qui vient répondre à l'énigme de la prophétie du masseur japonais : la date et l'heure précise (le 21 juillet, à six heures dix) auxquelles il a ressenti des phénomènes corporels hallucinatoires étaient elles-mêmes un phénomène élémentaire, elles retentissaient comme un signifiant à la signification énigmatique mais dont il était certain qu'elle le concernait particulièrement. Le rendez-vous était une notion pour lui au plus près de la perplexité et de l'invasion de jouissance. Avoir une exigence sur l'heure des rendez-vous aurait été aller *a contrario* du travail d'élaboration délirante : il avait déjà été convoqué à un rendez-vous énigmatique le 21 juillet 1998 par ses hallucinations cénesthésiques. Tant qu'il n'avait pas réussi à élaborer une réponse à cette énigme, l'heure du rendez-vous risquait d'être pour lui persécutive. Les phénomènes hallucinatoires cénesthésiques cédèrent avec la résolution de cette énigme et la disparition de sa perplexité ; de même, sa présence à mon cabinet devint plus constante quant aux horaires, sans être précise cependant. Je constatai alors qu'il se souvenait des horaires de rendez-vous proposés lors des premiers entretiens.

Les références à des précisions de dates n'apparaissent plus dans son discours, elles étaient liées à sa perplexité. L'historisation nouvelle de ses aventures est résolutive : les décrochages successifs sont ramenés par l'intermédiaire d'un maniement rétroactif des dates à une cause commune, l'échec de son amour, puis à une faute dans une vie antérieure. La stabilisation actuelle par une métaphore délirante pauvre de cette schizophrénie se maintient depuis plusieurs mois.

Catherine Bonningue

La séance,
c'est la coupure même

Que serait la séance sans la « coupure » ? N'est-ce pas la coupure même qui, par son effet d'après-coup, constitue à proprement parler ce que nous appelons la « séance analytique » ? Sans doute la séance a-t-elle un début, qui est l'accueil fait par l'analyste à l'analysant, l'invitant à parler sur un divan ou dans un fauteuil – et là, l'analyste a une marge de manœuvre quant à l'opportunité d'ouvrir les vannes de la parole, si je puis dire. Mais la séance se construit à partir de son terme, où la découpe de l'analyste est nécessaire, toujours. Découper en « parcelles » ce temps de parole dans l'analyse qui est imparti en théorie à un sujet ne répond évidemment pas en soi au concept de coupure tel qu'il émerge de l'enseignement de Lacan. Et c'est bien pourquoi ce concept mérite tout à fait notre attention.

À l'envers de l'inconscient

Nous partirons de cette scansion majeure que représente l'intervention de Jacques-Alain Miller en 1995, lors de Journées d'études de l'École de la Cause freudienne à Paris[1], qui constitua le coup d'envoi de « La fuite du sens »[2].

Ce tournant de l'enseignement de Jacques-Alain Miller pose une nouvelle pratique de l'interprétation ayant « des conséquences fondamentales pour la construction même de la séance analytique[3] ». Cette pratique, « post-interprétative », « se repère, non pas sur la ponctuation, mais sur la coupure »[4]. En un certain sens, peu importe alors la durée de la séance (courte ou longue), le matériel apporté (abondant ou mince) ; la séance trouve en fait une nouvelle définition à partir d'une interprétation qui coupe, qui sépare S_1 et S_2. La séance n'est plus conçue comme « une unité sémantique, celle où S_2 vient faire ponctuation » – c'est alors une séance qui est « au service du Nom-du-Père » –, mais comme « une unité asémantique qui reconduit le sujet à l'opacité de sa jouissance »[5]. Elle est « coupée » et non « bouclée ». Jacques-Alain Miller ajoute qu'elle laisse le sujet « perplexe », puisqu'il est contré dans la voie d'une élaboration qui irait dans le sens de l'inconscient. L'interprétation, et donc la séance, va « à l'envers de l'inconscient »[6].

Le coup, le heurt

Faisons ici une petite pause étymologique quant au terme de « coupure », qui nous réserve quelque surprise. Nous nous référons pour cela au *Dictionnaire historique de la langue française* d'Alain Rey.

« Couper » vient de « coup » (heurt), *colper* (XIe siècle), « diviser d'un coup ». « Coup » vient lui-même du latin populaire qui veut dire littéralement « taloche », « coup de poing » *(colaphus)*. Et ce terme vient lui-même du grec *kolaptein*. Il y a la notion de mouvement, de choc qui divise, qui sépare.

« Couper » est un dérivé, dont le développement sémantique est riche et remarquable du fait de son écart par rapport au nom. Le verbe désigne la division, l'entaille, et non le choc. Son succès vient en quelque sorte de son usage attendu puisque comblant un manque dû à la spécialisation du verbe *secare*, dès l'époque latine. «Couper» se démotive rapidement de «coup» et ne transmet plus que l'idée de trancher. Parmi les extensions de sens, on note celle de «couper un texte», soit supprimer une partie. Le terme de «coupure» est dérivé de ce verbe.

De la ponctuation à la coupure

Sans pouvoir appréhender à proprement parler les références à la définition de la séance analytique dans *L'Orientation lacanienne* deuxième série, nous en donnerons un bref aperçu. Il nous semble que la séance analytique se construit d'abord pour Jacques-Alain Miller autour de la ponctuation. Dans son cours «Du symptôme au fantasme», par exemple, il évoque la séance en rapport à la présence de l'analyste, qui incarne à l'occasion l'Autre. C'est un rendez-vous, qu'il compare à l'occasion à celui «des astres qui se rencontrent[7]». Il parle d'interruption de la séance qui peut avoir «effet de disjonction du fantasme[8]».

C'est comme ponctuation que le cours «Donc» renvoie à la séance variable dès le rapport de Rome, où Lacan parle de «la suspension de la séance [qui] ne peut pas ne pas être éprouvée par le sujet comme une ponctuation dans son progrès»[9].

Dans «Silet», nous retrouvons la séance analytique : «C'est dans le contexte d'une théorie de l'interprétation qui sépare rigoureusement le jouir et le dire que Lacan justifiait aussi bien l'usage des résonances de la parole que son maniement spécial du temps de la séance[10].» Cette référence situe la séance selon la troisième partie du rapport de Rome : «la théorie de Lacan des séances courtes s'inscrit dans le cadre de l'interprétation intersubjective », « L'interruption de la séance marque une scansion dans le progrès dialectique de la vérité en marche vers son accomplissement ». Et Jacques-Alain Miller précise : « Lacan a continué à se fier au même procédé, il l'a même accentué, mais il l'a rapporté à une tout autre problématique que celle de l'interprétation intersubjective. N'oublions pas que sa première justification et sa première émergence, c'est dans le contexte où il s'agit d'accorder à l'horizon signifiant et signifié »[11].

Dans « La fuite du sens », à la suite de « L'envers de l'interprétation », Jacques-Alain Miller parle de la conception par Lacan de la fin de l'analyse comme « désêtre ». « Le désêtre suppose une certaine action de retirer l'être, qui ne désigne pas mal l'opération analytique. La psychanalyse retire de l'être, elle perfore une gonfle imaginaire, elle réduit au semblant tout ce qui ne mérite pas mieux que ça, tout ce qui ne fait pas être mais paraître. Ce dé-sujet se lie à l'être-pour-la-jouissance, soit la pulsion freudienne[12]. » Nous trouvons alors éclairée par l'équivoque la notion de coupure entre S_1 et S_2 plus haut citée : « Dire que la loi du signifiant est l'équivoque établit une coupure entre le sens et la matière signifiante[13]. » Lacan appelle *inconscient* la conjonction de l'ouverture et de la fermeture : « la conjonction de cet espace interprétatif et de cet espace où vient s'inscrire le terme obturateur[14] », soit, nous semble-t-il, la coupure même.

Deux ans plus tard, Jacques-Alain Miller, après avoir évoqué les vertus de la séance courte comme ce qui « réduit le dit du patient à l'opératoire[15] », traite la question du temps en opposant le statut de la séance selon Lacan et la norme standard : « La séance de temps fixe et standard ne fait rien d'autre qu'exploiter le temps symbolisé, c'est-à-dire le temps mortifié, sans reste de réel. [...] La séance variable ou la séance courte, c'est une méthode pour que la suspension de la séance échappe à la mort symbolique, afin de faire en sorte que le temps vaille comme un réel, et avec comme effet d'empêcher l'analysant de s'en servir. [...] Le temps sous la forme de la hâte est un objet petit a[16]. »

Je réfléchirai, à partir de là, sur deux cas cliniques, dont le « cadre » n'est pas de psychanalyse pure, mais où l'action interprétative de l'analyste et son usage de la « séance » comme concept n'acceptent de sa part aucun compromis. Deux questions fondamentales sont posées en filigrane : ponctuation ou coupure ? Désir ou jouissance ?

« Jacques a dit »

Lorsque je reçois Mick en entretien pour la première fois dans le cadre institutionnel de son accueil dans une famille qui relaie la sienne, défaillante, il est suivi en psychothérapie par un collègue qui n'est pas d'orientation lacanienne. Mick me dit d'emblée qu'il veut arrêter sa psychothérapie et, que, peut-être, je pourrais le suivre. Je l'en décourage dans l'immédiat (nous sommes début juillet et sa psychothérapie va s'interrompre jusqu'en septembre) et le renvoie vers son psychothérapeute. Il dit alors à celui-ci son intention d'arrêter, sans succès. Presque un an plus tard, je revois Mick, qui est en grande difficulté dans sa famille d'accueil. Il est en passe de s'en faire éjecter. Il me reproche alors de ne pas avoir accepté sa demande de le recevoir. Cela n'est pas sans me toucher – j'avais en effet dû prendre sur moi pour rejeter son acte transférentiel. C'est une véritable déclaration d'amour transférentielle qu'il me fera encore à plusieurs reprises : « Lui, je ne l'aime pas, je ne lui parle pas, je ne joue pas : il n'a que des Barbie. Ce n'est pas pareil avec vous. » Et au fil des entretiens, que cette fois-ci je lui propose, il démarre ce que je vais considérer comme un travail analytique avec moi, parallèlement à la psychothérapie qu'il poursuit, faute d'un accord de son psychothérapeute pour arrêter.

Posons ici quelques coordonnées de la vie de ce jeune garçon qui va sur ses onze ans. Vers deux ans, faute d'un domicile fixe de sa mère, il doit être placé en pouponnière, où il restera plusieurs années. Sa mère dira de lui qu'il est l'«enfant de l'amour», à entendre ici comme d'un amour de passage. Le père disparaît de leur vie dès la naissance. La mère le croise un jour avec l'enfant, puis plus rien. Tout cela est dit à Mick. De la pouponnière, il part vivre dans une première famille d'accueil en province, soit loin du lieu où est sa mère.

Au bout de quelques années, celle-ci récupère tous ses enfants placés, soit quatre – un cinquième est né dans l'intervalle. C'est bientôt un échec complet de ce retour pour Mick. Il fait les quatre cents coups et est rejeté de façon catégorique par sa mère comme le «mauvais objet». Elle lui attribue la responsabilité entière de cet échec. Mick s'en est pris à l'enfant puîné et s'est fait lyncher par ses aînés suite à quelques méfaits, semble-t-il, spectaculaires. Disons qu'il est le pantin d'une mère qui se structure dans la psychose, entretenant un rapport en miroir avec chacun de ses enfants. Petit diable à la Comtesse de Ségur, Mick s'emploie à boucher certains orifices comme les narines de son petit frère avec des billes, le trou des W.-C. avec quelque autre objet, provoque une inondation, etc. Sa mère le renvoie, dans un foyer cette fois, où il reste un an. Elle refuse de le voir, «étant donné ce qu'il a fait».

Mick arrive ensuite dans une nouvelle famille d'accueil. Sa mère ne se manifeste auprès de l'enfant que quelques mois plus tard, à la suite d'une audience chez le juge qui occasionne des retrouvailles émouvantes. Durant cette interruption de relation avec sa mère, Mick arbore dans la parole un «je m'en fous». C'est à ce moment-là que la famille d'accueil se plaint plus particulièrement de son comportement agressif. Il a d'emblée établi un rapport «à tu et à toi» avec le jeune garçon de six ans de la famille, passant d'un rapport ludique à un rapport agressif. Un cap est franchi le jour où Mick frappe, semble-t-il, violemment cet enfant pour une raison d'apparence futile : il voulait être le premier à décrocher le téléphone, attendant un appel important pour lui.

C'est néanmoins un amour-passion qui le lie à sa mère, un amour tout imaginaire. Elle vient le chercher au maximum une fois par mois, le mercredi, et le sort deux ou trois heures, au McDo et pour faire quelques courses.

Lorsque Mick vient à ses séances, il aime apporter – comme il l'a fait avec son psychothérapeute – un objet, soit un jouet. Au bout de quelque temps, ce sera régulièrement un pistolet, qu'au fur et à mesure des séances il gardera d'ailleurs dans sa poche. Je peux résumer son jeu des premières séances (c'est lui qui demande à jouer) à un «cassage de gueule» continu entre deux personnages, qui peuvent se démultiplier. Quasiment pas de mots. Beaucoup de bruitage pour marquer les chocs répétés. Moi, je scande la séance, comme on dit. Il se plaint de ne pas avoir assez de jouets, me demande quand je vais en racheter, et use de tout ce qu'il trouve avec beaucoup d'ingéniosité, utilisant l'hétéroclite de la panoplie pour différencier un monde de monstres menaçants et de héros. Pas de fin heureuse ni malheureuse au scénario, si ce n'est ma ponctuation de la séance, qui ne peut, à ce point-là de la cure, concerner que le sens, soit l'imaginaire de la démonstration. Son jeu s'enrichit petit à petit. L'analyste, de la place de grand A qu'il occupe, permet à ce jeune sujet de se «désaxer», si je puis dire, de l'axe imaginaire $a\text{-}a'$.

Le calme est revenu dans sa famille d'accueil, où il n'est plus dans un rapport de rivalité imaginaire avec le jeune garçon, et il est aussi moins dans un rapport en miroir avec les jeunes turbulents de son école. Il est convenu qu'il ne reprendra pas sa psychothérapie en septembre, puisqu'il ne le souhaite pas.

Au premier rendez-vous, en septembre, alors qu'il insiste auprès de moi, inquiet, pour savoir si c'est bientôt l'heure de la fin de la séance, je lui dis que l'heure, on s'en fiche. Cette séance sera en fait plutôt longue. Alors que, dans le jeu, il mettait en scène une catastrophe, où des héros devaient intervenir pour tenter de sauver ce monde auquel il appartient et qui est en péril, il prononce le terme de « désastre », que je relève. Il semble ébranlé par la ponctuation de ce signifiant. Cela le laisse apparemment perplexe. Et il me montre ce qu'est un désastre en mettant tranquillement en tas tous les jouets de la pièce, qu'il a d'ailleurs utilisés jusque-là. La précipitation n'est plus nécessaire, puisqu'il a maintenant la certitude qu'une montre n'est plus le maître de la séance. Lorsque j'arrête la séance, il me dit, gentiment d'ailleurs, et un peu ironique : « Bon, ben c'est vous qui rangez ! » Je lui réponds, tout aussi gentiment, et un peu inquiète des effets qu'aura mon interprétation : « Nous allons le faire ensemble. » Il range avec moi, tant bien que mal.

La séance suivante, il ne joue pas. Il s'installe dans le fauteuil qui pivote, au milieu de la pièce, et qu'il fait tourner, lui dedans, jusqu'à plus soif, s'en étourdissant, et me dit qu'il n'a rien à dire. Il me parle en fait longuement, le temps d'une séance courte, tout en tournant sur son fauteuil, s'excusant quand son pied arrive à heurter le mien. Il me parlera surtout de son père, qu'il ne connaît pas, et de la béance que cela représente de ne pas en avoir. Je crois que c'est pour lui quelque chose comme le « désastre » de la dernière séance. Je lui dis que je le verrai en entretien avec sa mère, qui doit venir le voir quelques jours après. Il accepte volontiers, alors qu'il n'a jamais voulu que je le reçoive avec son assistante maternelle.

La mère de Mick (il est tout près d'elle, la buvant des yeux) me parle d'une voix forte et véhémente de son amour pour son fils, « enfant de l'amour », d'un père qu'elle ira « chercher jusqu'au Maroc, où il est peut-être, quand il faudra… ». Elle clame avec assurance sa volonté de le reprendre, alors qu'elle vient de lui refuser de le voir plus de trois heures par mois et de l'emmener dîner chez elle. Lui est toujours collé à elle, aimant. À la fin de l'entretien, à peine passé le seuil, Mick prononce ces mots : « Totalement incorrigible. » Sa mère les relève, avant même que je les entende, d'un : « Qu'est-ce que tu dis ? De qui tu parles ? » Mick, apparemment sincère : « Je ne sais pas, je disais ça comme ça. » Moi, craignant la catastrophe : « Tu m'en parleras la prochaine fois. » Et la mère d'acquiescer. Mick fait alors, comme d'habitude, des adieux des plus tendres à sa mère dans la salle d'attente.

C'est l'enfant analysant qui ponctue, peut-on dire dans un premier temps, la séance ici, non l'analyste. Cette ponctuation est interprétation, *Witz*. Elle fuse, échappant au sujet. L'analyste l'entérine comme *Witz*. Le plus frappant est que ces mots sont prononcés alors que l'enfant et la mère sont de l'autre côté du seuil du bureau de l'analyste, l'analyste étant encore à l'intérieur. Et encore, l'analyste, au moment où la mère dit « Qu'est-ce que tu dis ? », pense que des mots précieux de l'enfant viennent de lui échapper. Mais non, ces mots étaient en train de circuler sur le premier étage de notre bien connu graphe du désir, avant d'arriver à destination.

Ponctuation, mais aussi coupure, ce « totalement incorrigible », coupure entre la mère et l'enfant, car la mère a bien raison de demander « De qui tu parles ? ». Cet « incorrigible » est d'une certaine manière indéterminé, assujet. Il est littéralement entre la mère et l'enfant, de la mère et de l'enfant. Mick ne me disait-il pas, quelque temps avant : « Je suis un grand sensible, moi. Tout le portrait de ma mère ! » Il m'expliquait alors qu'il trouvait que le père d'accueil lui parlait trop durement. Cela n'est sans doute pas faux, mais, au-delà, comme le formulait Jacques-Alain Miller à la Section clinique en 1999, le sujet se dit là écrasé par le signifiant, ici le signifiant paternel, dont nous n'irons pas jusqu'à dire qu'il est forclos à proprement parler dans le sujet. Il me dit aussi un jour qu'il ne pourrait jamais accepter les règles trop rigides qu'on lui imposait.

Ce « totalement incorrigible », quel est son statut ? Ponctuation ou coupure ? Nous dirons qu'il ponctue à l'envers de l'inconscient, c'est pourquoi il nous semble correspondre au concept de coupure.

Mick, la séance suivante, alors que je l'invite à commenter cette phrase sans sujet, lui attribue en fait un sujet que je ne connaissais pas encore. De qui parlait-il? «Ah! C'est Jacques!» s'exclame-t-il. «Jacques?» s'enquiert l'analyste. «Oui, mon ours, celui que j'avais quand j'étais petit, que m'avait offert mon père... Ou peut-être était-ce ma mère qui lui avait donné l'argent pour me l'offrir. Il est toujours chez ma mère.» Et il me montre d'un geste qu'il est grand comme la longueur de mon bureau (le meuble). Lors de cette même séance, il tressaille à un moment, alors que, voulant fermer la fenêtre, je me cogne légèrement le pied, comme s'il craignait qu'on ne le lui reproche.

Nous avons donc affaire à une coupure qui équivaut au Nom-du-Père, mais qui n'est pas Nom-du-Père, Nom-du-Père d'un Père qui assumerait pleinement cette fonction. Et Mick ne manque pas de se plaindre de la vacance de cette fonction. Ça lui manque. Il en souffre. Mais force est pour nous de constater qu'il fait avec ce manque. Et, pour l'instant, il ne s'en sort pas si mal.

Ce qui me paraît frappant ici, c'est que seule la fonction de la hâte – introduite précisément par la coupure se substituant à la ponctuation – comme objet a introduite dans l'analyse de ce jeune garçon peut rendre compte du changement absolu dans ce que j'appellerai le rythme de la cure. Il avait affaire à un psychothérapeute qui se tenait absolument à l'écart de la réalité de son patient, s'intéressant exclusivement aux fantasmes, et qui entretenait ainsi l'imaginaire, laissait collapsés S_1 et S_2. L'analyste se référant à l'enseignement de Lacan ne laisse pas de côté la cause du désir, prise encore ici dans le fantasme maternel.

En tournicotant sur son fauteuil, de quoi témoigne Mick, si ce n'est de la division qu'il éprouve entre le jouir et le dire? C'est difficilement, par exemple, qu'il peut se décoller de cette jouissance qu'il éprouve et dont il fait monstration en s'étourdissant pour me confier le cauchemar de la nuit précédente : « Je jetais ma montre et en achetais une autre. Mais cela ne me faisait pas plaisir, parce que, cette montre, j'y tiens. »

Jacques a dit « totalement incorrigible ». Le sens de la repartie et la finesse d'analyse de Mick nous laissent à penser que Jacques est une fiction faisant référence au jeu enfantin bien connu. C'est l'ours alter ego supposé resté près de la mère, soit Mick lui-même lors de son séjour chez sa mère et sa cohorte de bêtises.

« Tu as voulu naître »

À partir de la coupure, il nous paraît pouvoir poser une nouvelle conception de la séance analytique qui se réfère au désir de l'analyste. Par la coupure qui construit la séance, c'est le désir de l'analyste seul qui opère, pouvant à l'occasion, dans des circonstances précises, opérer bien au-delà d'une demande explicite.

Prenons un autre exemple clinique, celui de Mlle S., qu'un analyste rencontre dans un contexte particulier, sans aucune demande de sa part – du moins sans aucune demande analytique. Elle a en effet une demande envers une institution sociale, souhaitant que celle-ci se charge de la responsabilité de son enfant, qui a deux mois. Elle met en avant une impossibilité momentanée de s'en occuper.

La séparation est douloureuse, mais l'enfant est confié à une famille d'accueil. L'analyste propose son écoute – son écoute quant au désir de cette jeune femme concernant un petit sujet en devenir. La première séance est ponctuée par elle d'un « Merci de m'avoir tenu compagnie », ce que l'analyste prend pour un « Revenez-y ». La mère, lors de ces entretiens, clamera son non-désir d'enfant, de cet enfant-là. Elle le lui dira à lui, l'enfant : « On peut dire que tu as voulu naître. » Elle expliquera à l'analyste ce lourd parcours du combattant : « Je prenais la pilule, faiblement dosée. Mon ami utilisait un préservatif... J'ai senti que je prenais du ventre. Je trouvais cela bizarre. Moi qui n'ai pas de ventre. J'ai senti quelque chose bouger, mais j'ai pensé que c'étaient des ballottements *(sic)*. Je ne pensais pas que c'était quelqu'un. Quand j'ai été consulter, j'étais enceinte de presque cinq mois. J'ai tout fait pour avorter, mais il était trop tard, même pour aller aux Pays-Bas [où l'avortement tardif est autorisé]. J'ai caché ma grossesse à ma famille [elle vit chez ses parents bien qu'elle ait trente ans]. On m'a proposé d'accoucher sous X, mais je n'ai pas pu me décider à signer à la dernière minute. Je ne comprends pas comment on peut faire cela sans en arriver à prendre des médicaments. À huit mois de grossesse, j'avais des douleurs dans le ventre tellement insupportables que j'ai pris la voiture [seule] à deux heures du matin, allant à la clinique la plus proche demander des médicaments pour pouvoir dormir. Ils m'ont dit qu'ils me gardaient car j'allais accoucher. Une heure après il était né. »

Après avoir tout fait pour s'en débarrasser, Mlle S. fait tout pour son enfant. Elle le confie pendant deux mois à une cousine, tente d'organiser une adoption simple, qui lui permettrait de garder un contact avec l'enfant, se faisant elle-même passer pour la cousine. Elle serait prête à ce qu'il soit adopté, à condition de pouvoir continuer à le voir de temps en temps. La loi française ne l'y autorise pas. Elle le confie enfin à une famille, se décharge de son éducation, mais vérifie qu'il est bien. Elle s'occupe de ses papiers d'identité (carte d'identité, passeport personnel), de sorte qu'il puisse vivre sa vie, mais qu'il n'apparaisse pas sur le sien ni sur son livret de famille. L'existence de cet enfant, qui a neuf mois maintenant, est toujours soigneusement cachée à ses parents. Ses collègues de travail savent, évidemment, qu'elle a eu un enfant, mais à son retour de congé maternité elle n'a pas répondu à leurs questions sur le petit, ce qui les a découragés d'en poser : « j'ai fait semblant de ne pas comprendre », me dit-elle.

La proposition de séances analytiques est bien sûr délicate ici. Dans ce cadre institutionnel qu'elle a accepté, la jeune femme savait que je lui proposerais un entretien. J'ai relevé son « Merci de m'avoir tenu compagnie » comme un « Votre écoute m'intéresse ». Ces entretiens, ces séances, n'aboutiront pas à un suivi analytique à proprement parler pour elle. Il s'agit de saisir la balle au bond d'un possible questionnement sur son désir, puisqu'elle a dit d'emblée qu'elle reprendrait rapidement son enfant. Ce mensonge à elle-même, cette fiction qu'elle se forge, s'estompe petit à petit. Elle est assez gauche avec l'enfant, en étant presque embarrassée. Elle le voit en moyenne une heure quinze tous les quinze jours ; c'est elle-même qui fixe ce rythme et l'horaire, horaire qu'elle case entre son travail et ses obligations familiales : relais auprès d'une mère surchargée par les soins à apporter à une jeune adulte très handicapée et un jeune homme apparemment psychotique. Elle dit que son ami l'a laissée tomber quand il a su qu'elle ne pouvait plus se faire avorter.

Quel est l'office de ces séances si ce n'est de venir trancher dans le désir d'un sujet, ici aux prises avec un désir d'être mère qui se cherche, désir du sujet tout embourbé dans cet au-delà de plaisir qu'est sa jouissance ? Elle jouit, bien évidemment, de la place d'enfant qu'elle occupe dans sa famille et au-delà de la place qui lui a été assignée dans la constellation familiale, dont elle ne peut pas dire grand-chose pour l'instant. C'est ainsi qu'elle me dit ne pas pouvoir s'envisager à l'heure actuelle ni épouse ni mère. « Peut-être est-ce parce que je n'ai pas rencontré le bon », ajoute-t-elle.

« Le site du possible »

Jacques-Alain Miller ne nous posait-il pas la question il y a peu : « Où est l'éthique de l'analyste ? » L'analyste ne devrait-il « servir qu'à la "psychanalyse pure", et les autres usages que l'on fait de lui sont-ils des usages déviants, dérivés, qui amortissent en définitive la psychanalyse ? ». La réponse nous paraît aller de soi. Le nouveau concept de la séance permis par la pratique post-interprétative de la psychanalyse est un sérieux garde-fou contre toute pratique déviante.

Nous conclurons ici sur cette définition de la séance que nous donne Jacques-Alain Miller comme « site du possible ». La rencontre avec un psychanalyste peut être « sans prix pour un sujet, alors même qu'il est un cas de psychanalyse impossible »[17]. Cette belle formule paraît bien convenir aux deux sujets que nous vous avons présentés.

Silvia Baudini

Décision d'une entrée

Dans « Le début du traitement », de 1913, Freud parle de la période de « traitement d'essai » et de sa fonction diagnostique[1]. Cette fonction permet de proposer ou non le dispositif analytique, c'est-à-dire d'entreprendre un travail en séance analytique. En présence d'une paraphrénie (c'est ainsi que Freud désigne la schizophrénie), l'analyste ne peut tenir la promesse d'un traitement analytique.

Quelque vingt-cinq ans plus tard, dans l'*Abrégé de psychanalyse*, Freud parle d'un « plan de traitement » pour « les maladies spontanées et si redoutables du psychisme ». Comparant le rêve à une psychose, et se situant dans le cadre de la seconde topique, il envisage la conclusion d'un « pacte » entre l'analyste et le « moi affaibli du malade ». « C'est ce pacte, dit-il, qui constitue toute la situation analytique. »

Nous savons quel a été le destin de cette formule dans la psychanalyse post-freudienne, notamment dans l'egopsychologie ; on a cru y voir celle du succès. Or Freud ajoute : « Une première déception, un premier rappel à la modestie nous attendent », et déclare que le moi du psychotique, faute d'une « certaine dose de cohérence » et de « quelque compréhension des exigences de la réalité », « ne saurait être jamais fidèle à ce pacte ». « Très vite il nous aura relégués, nous et l'aide que nous lui apportons, dans ces parties du monde extérieur qui, pour lui, ne signifient plus rien. » Et il termine par une phrase qui concerne le niveau de pertinence du dispositif analytique dans la psychose : « Nous constatons alors qu'il faut renoncer à essayer sur les psychotiques notre méthode thérapeutique », ajoutant : « Peut-être ce renoncement sera-t-il définitif, peut-être aussi n'est-il que provisoire et ne durera-t-il que jusqu'au moment où nous aurons découvert, pour ce genre de malades, une méthode plus adaptée »[2]. Il réserve donc à la névrose ce plan d'alliance avec le moi, mais c'est une alliance avec un moi très particulier, un moi de méconnaissance, auquel il faut imposer la règle fondamentale, seule loi possible dans le dispositif.

Rosenfeld et le dispositif kleinien

Rosenfeld, dans *États psychotiques*[3], reprend ce paragraphe de l'*Abrégé* pour dire que Freud aboutit à une impasse, due à une compréhension insuffisante du transfert dans la psychose. Impasse dont on a pu sortir, selon lui, grâce aux élaborations kleiniennes sur les phases précoces du développement. C'est cette théorie que Rosenfeld utilise dans le traitement des schizophrènes. Il inclut le patient dans le dispositif analytique, non seulement, précise-t-il, à des fins thérapeutiques, mais aussi à des fins de recherche. « Pour satisfaire à cette proposition, j'ai adhéré à la situation analytique classique, en m'écartant le moins possible de la technique utilisée pour le traitement des patients névrotiques... C'est la seule façon d'augmenter nos connaissances sur la psychopathologie de la schizophrénie[4]. »

Rosenfeld met en question les techniques de rééducation et de soutien ainsi que l'idée de ne provoquer que le transfert positif, et soutient que la technique psychanalytique peut s'appliquer au traitement de la schizophrénie aiguë, ce qui implique le maniement du transfert négatif. Il ne cherche pas, pour la psychose, des thérapies de la fonction du moi, mais il ne voit pas la dimension de rectification que la faillite de l'amour[5] dans la psychose requiert dans le maniement du transfert, en l'absence de la dimension du sujet supposé savoir, dont la place est occupée par le psychotique lui-même. Il recourt donc à l'interprétation comme il le ferait dans un cas de névrose, produisant dans certains cas une suppléance imaginaire et, dans d'autres, des effets persécuteurs, puisque l'inconscient du psychotique, ne procédant pas par rétroaction, ne lit pas les marques.

Rosenfeld dénonce l'impasse freudienne sans remarquer la subtilité du point vers lequel Freud oriente le travail avec des sujets psychotiques. Ainsi lorsque, à propos des *Mémoires* du Président Schreber[6], il précise la relation avec le professeur Flechsig : « On voit qu'il s'efforce de distinguer l'*âme de Flechsig* du vivant du même nom ; le Flechsig réel du Flechsig de son délire. » Il ajoute une note tirée des *Mémoires d'un névropathe*, où Freud fournit une indication sur le transfert dans la psychose qui ne laisse pas au sujet un sens univoque : c'est dans l'ouverture, la séparation qui se crée, que l'analyste prend sa place dans la séance analytique.

Avec Lacan

Lacan radicalise le concept de sujet. Dans ses développements des années 50 sur la psychose, il fait du sujet un effet du signifiant. Le sujet est effet du langage, qui est un organe préexistant. À partir de cette ponctuation, il pourra parler d'« une question préliminaire à tout traitement possible de la psychose », celle qui « introduit [...] la conception à se former de la manœuvre, dans ce traitement, du transfert[7] ». Il rejoint là l'observation de Freud sur le cas du Président Schreber. Cette conception du maniement du transfert ouvre le dispositif analytique aux sujets psychotiques.

Le dispositif dans le déclenchement

Le patient dont je vais parler a vingt et un ans au moment du déclenchement. Il vient en compagnie de son père et, quand il entre dans mon bureau, il me dit avoir eu une expérience, au cours d'un voyage à l'étranger, avec une jeune fille qui *l'a connu*. Elle avait le pouvoir de connaissance et utilisait la langue de la connaissance. Il l'a vue, il est allé en discothèque avec elle et voulait l'épouser. Ensuite, tout a changé, elle faisait la *psychologique*, sa mère était psychologue. Et il sait qu'il a besoin d'un psychologue pour l'aider à en sortir. Quelques jours après être rentré de voyage, il est parti chez des parents dans un pays limitrophe ; là, tout a empiré, sa cousine voulait le *dépasser*, tout le monde le *connaissait* et voulait en faire un homosexuel. Dans un bar, un homme l'a accosté, un homosexuel, et il a dû sortir en courant parce que cet homme l'avait *dépassé*. La dimension de la parole imposée est visible dans cette première rencontre avec le sujet. Ces signifiants – *elle l'a connu, il l'a dépassé* – sont des néologismes, le sujet commence à expérimenter un autre langage, qui l'angoisse et précipite sa psychose. Tout son corps doit bouger pour échapper à cette langue qui le fait jouir sans mesure. Dans cet état, il parcourt cinq villes et arrive finalement à Buenos Aires ; dans le bateau qui le ramène, un homme l'accoste et lui propose de prendre le même taxi en arrivant au port ; à sa descente, le chauffeur de taxi veut le voler et encaisser une somme excessive, qu'il refuse de payer, et le chauffeur fait allusion à son homosexualité. Il demande désespérément à ses parents de l'emmener voir un psychologue.

Je lui propose des séances quotidiennes, ce qu'il accepte. Je lui dis qu'il pourra dans ces séances m'expliquer tout ce qui lui est arrivé.

Le sujet déplie ses idées délirantes peu systématisées : cette jeune fille a le pouvoir de connaissance, lui aussi l'a, Dieu le lui a donné quand il était enfant, mais elle est plus puissante et manie mieux le langage de la connaissance. Ce pouvoir consiste à devancer ce que l'autre va vouloir et à se le donner, ainsi personne ne le dépasse ; s'il maîtrise la connaissance, il pourra empêcher qu'on le dépasse et qu'on le transforme en homosexuel. Les séances se déroulent dans une atmosphère très tendue, son père attend dehors et il dit que son père est « le diable ». Il me demande : « Et si je me tire d'un coup de feu et vais au ciel ? »

J'essaye de construire avec lui un langage partagé, c'est pourquoi je me fais expliquer tout ce qui a trait à la connaissance. Il me dit que je dois le savoir, que je suis psychologue. Comment échapper à l'attribution d'un savoir persécuteur qui me permette d'opérer avec le sujet ? Je commence à écrire tout ce qu'il me dit et que je ne comprends pas, nous faisons des plans, des cartes, des vecteurs, des objectifs. À peine peut-il sortir dans la rue, parce que tous veulent le dépasser, ou le connaissent, rien de lui ne reste dans le privé.

Au cours d'une séance, il regarde une chaîne que je porte au cou avec mon initiale et il dit en riant : « S de Superman » ; très amusée, je ris aussi. Dès lors, pendant plusieurs semaines, à son arrivée, il cherchera cette initiale qui, d'une certaine façon, apaise le côté persécuteur de la présence de l'Autre.

Une autre fois, il regarde ma montre et me dit qu'il la voit en rêve lui monter dessus. Je la mets dorénavant sur mon bureau, ainsi le sujet peut dire ce qui le menace, c'est quelque chose qui peut se détacher du corps de l'Autre, et sa souffrance en est allégée.

La stabilisation

Au bout de trois mois, il dort mieux, il peut sortir et, progressivement, venir seul aux séances. Des codes communs s'établissent – le S de Superman, une petite statue dans mon bureau qu'il appelle Tristonia, par référence à l'analyste – et l'ironie entre en jeu comme élément de travail. Il sait que je vais partir pour un congrès à l'étranger et il ironise : « Ce que tu aimes, c'est acheter, elle achète, et achète ! », et il chante sur la musique d'un téléfilm à la mode (intitulé *L'Usurpatrice*) dont il modifie le titre en l'appelant « L'exhibitionniste ». Ce sont des moments de grande joie pour le sujet, il rit avec satisfaction, je ris aussi, tout en me plaignant un peu de ce qu'il me dit. Il peut placer dans l'Autre l'excès qui l'envahit, une partie de la jouissance est transmise à l'image, d'où l'allégement. La séance analytique permet ce passage de la jouissance du corps à l'image. Il raconte aussi une plaisanterie. Un Galicien qui coupait du bois laisse tomber sa hache, qui lui tranche une oreille, et son ami lui dit : « Manuel, voilà ton oreille. » Et l'autre répond : « Ce n'est pas la mienne, la mienne avait un crayon. » Version atténuée du corps morcelé. Le défaut dans l'imaginaire est compensé grâce à cette forme ironique qui permet de construire une image pacificatrice.

Cette plaisanterie a une valeur ironique qui concerne son père, galicien d'origine, et l'analyste : une oreille avec un crayon.

La façon dont prend forme la non-inscription du Nom-du-Père dans la schizophrénie se vérifie dans le défaut de constitution de l'imaginaire. Dans son enseignement des années 70, Lacan parle de l'imaginaire comme de ce qui noue et pacifie la jouissance ; les trois registres sont équivalents, et l'imaginaire ne se réduit pas au spéculaire. L'imaginaire a une consistance, c'est-à-dire qu'il permet à la jouissance de s'articuler.

DÉCISION D'UNE ENTRÉE

Après mon retour, se produit une aggravation de la psychose, non du côté des idées imposées, des hallucinations verbales ou du délire, mais sur le plan du négativisme. Il ne veut pas venir, il ne veut pas sortir de chez lui, il ne veut pas se laver. Une seule activité se détache, une tentative manquée d'éviter une complète passivité : il touche sa grand-mère, la « tripote », lui pince la figure jusqu'à lui faire mal, l'emmène dans son lit et se couche sur elle, il frappe le ventre de son père au point de le faire souffrir. Il essaye de traverser le corps de l'Autre. Le cadre des séances, qui offrait une possibilité de produire une image spéculaire qui le soutienne, a disparu. Depuis le déclenchement, il a grossi de vingt kilos ; lui qui était si fier de son corps mince et qui faisait tous les jours, chez lui, des exercices abdominaux, il ne veut même plus marcher. Il dit qu'il ne supporte pas son corps, que rien ne sert, qu'il ne va plus venir, qu'il n'a plus besoin de thérapie, qu'il va bien. Un jour, je lui demande : « L'avenir te préoccupe ou tu t'en fiches ? » Il répond : « Je m'en fiche. » Le passé a déjà existé : c'est passé, il ne veut pas en parler, il dit qu'il était poursuivi. Le négativisme balaye toute temporalité, ne reste que la temporalité des séances, qui menace de se rompre. Je fais donc trois interventions :
– je nomme ce qui lui arrive : « dépression » ;
– je lui donne un accompagnant thérapeutique, en lui disant qu'il l'aidera à faire un entraînement physique ;
– je lui demande de me donner un mois pour en sortir.

Le sujet accepte, avec beaucoup de réticences au début, et il apporte un texte du Brésilien Paulo Coelho, que sa sœur lui a recommandé – le Brésil l'enchante, il y est allé plusieurs fois. Ce livre à contenu mystique a fonctionné en mettant en place des significations que le sujet a pu s'approprier à travers la lecture, que faisait l'analyste, d'un paragraphe, toujours choisi au hasard, qui prenait un sens plein pour le sujet et l'aidait à s'historiser. Le négativisme, depuis un an et demi, est le symptôme qui persiste : empruntant les mots de sa mère, il dit qu'il vient dire des bêtises, rien de profond, parler de ses amis, du football, et que je ne lui dis rien.

Jacques-Alain Miller dit que le schizophrène, par l'ironie, dénonce la ruine du lien social « qui au fond est une escroquerie, car il n'y a discours qui ne soit du semblant [...] l'Autre, comme Autre du savoir, n'est rien [8] ». Mais l'ironie permet de partager avec le sujet cette ruine, l'analyste supporte cette ironie avec les autres, et sur lui-même, un peu à la façon dont les personnages des dessins animés, après avoir été découpés en mille morceaux, reconstituent leur image jusqu'à la prochaine séance.

Le négativisme, au contraire, est une forme de ruine du lien devant laquelle l'analyste ne peut que dire « non ! », incarner l'*Ausstossung*, cette première expulsion de l'objet, ce refus primordial. Il n'y a pas de complicité possible sur ce point. « Cela veut-il dire que la place de l'objet *a* est déjà occupée ? Tout le problème, en effet, est d'en déloger le patient [9]. » C'est l'analyste qui occupe la place de semblant d'objet.

À une séance, il arrive en disant qu'il va mal, je lui dis que moi aussi je suis de mauvaise humeur, que j'ai eu un problème avec de la correspondance que je devais envoyer. Il accentue sa plainte sur l'inutilité de ces séances, il va bien, cela ne sert à rien, il vient dire des bêtises. J'essaye de le faire parler, mais il insiste. Finalement, très ennuyée, je me lève et dis que la séance est terminée, déclare que je ne vais pas le laisser faire ça avec son travail : qu'il parte, je l'attends pour la séance suivante. Il sort. Il revient la fois suivante et parle de ses affaires, de ses amis, de ses sorties du week-end, nous rions du Minet, un ami qui est un « génie ». À la fin, il me demande : « Tu as résolu ton problème de lettres ? » Je lui dis que oui et je le remercie de s'en souvenir, il me demande de l'excuser pour ce qu'il a dit, il allait mal.

Dans son dernier enseignement, Lacan élabore une clinique continuiste en face de la clinique du déclenchement. C'est pourquoi, dit Éric Laurent, toute la théorie du transfert est en jeu dans cette seconde clinique, et il s'agit de se faire point de capiton et destinataire de ces signes infimes ; il faut entrer dans la matrice du discours par le signe et non par le sens, ce qui suppose de décider qu'il y a là une entrée possible. «Il faut témoigner d'acharnement dans cette clinique à se faire destinataire[10].»

Le dispositif analytique est là, à l'analyste d'en proposer l'usage.

Bruno de Halleux

De la « séance nécessaire » à la contingence

La proposition de traiter de la séance analytique nous a fait sursauter : nous n'avions jamais associé la « séance analytique » à « la pratique à plusieurs en institution ». Un « Non ! » nous échappe, comme si un blasphème était prononcé : « Chez nous, il n'y a pas de séance analytique ! » Mais la mise en tension de la séance analytique avec la pratique à plusieurs est féconde d'un savoir[*]. Alors, que faisons-nous ? En quoi la séance analytique aurait-elle à voir avec la pratique à plusieurs en institution ?

Abdel, l'enfant aux battements

Abdel, quatre ans, dès son arrivée se promène partout dans l'institution avec un bout de papier qu'il tapote tout le temps avec ses doigts. Tout pris par cette opération, il semble sourd, muet et aveugle à son entourage. À quoi est-il occupé ? Faut-il lui donner rendez-vous ?

---

[*] Ce texte a fait l'objet du travail de l'équipe de l'Antenne 110, à Genval, fondée par A. Di Ciaccia en 1974.

En n'étant pas séparé de l'Autre, Abdel fait objection à l'applicabilité du discours de l'analyste, parce qu'il fait « objection au manque à être qui le constitue dans le langage[1] » et parce qu'il n'est pas « surgi de son statut premier d'objet[2] », du fait qu'il n'y a pas eu pour lui « extraction de l'objet[3] ».

Toutefois, si la politique de l'acte analytique « domine[4] » la stratégie transférentielle et la tactique interprétative, quelle doit être alors la position des partenaires[5] quant au transfert et à l'interprétation dans le cas de la psychose ? Si la politique, dans la psychose, vise la « production d'un sujet[6] » par une opération de « soustraction[7] », par l'« exigence d'un moins-un » à introduire dans la jouissance de l'Autre déréglé, l'installation alors du transfert est problématique parce que, pour le psychotique, il n'y a pas de supposition mais il y a une certitude subjective quant au savoir et à la volonté de jouissance de l'Autre. Par conséquent, toute manœuvre interprétative qui se fait du champ de l'Autre implique le risque d'une intrusion de savoir.

Pas de « séance analytique », donc, pour Abdel. Cependant, selon nous, il est déjà « en séance ». De quelle séance s'agit-il ?

Sans cesse, partout et sans partenaire

Ces enfants sont déjà au travail pour créer une signification par laquelle ils se défendent[8] du réel.

Avec son bout de papier, Abdel se présente déjà avec son « organe supplémentaire[9] » car il est pris dans une « séance nécessaire » : il est déjà au rendez-vous pour réaliser son acte. Séance nécessaire parce que Abdel ne cesse pas, partout et tout seul, d'appliquer son battement à ce bout de papier : sans cesse, dans le temps (pendant les repas, les récréations, les ateliers, hors ateliers, la nuit) ; sans cesse, dans tous les lieux (dans le jardin, à la cuisine, à la salle de bains, aux ateliers, au lit, en camionnette); sans cesse et tout seul, car il vise à s'abriter de toute présence intrusive.

Pourquoi sans cesse? Parce que Abdel ne cesse pas dans le temps et dans l'espace et parce que son élaboration ne cesse pas de ne pas réussir à s'inscrire.

**Une séance qui ne cesse pas
de ne pas s'inscrire**

Mais la création d'une signification à partir de cet organe supplémentaire, auquel Abdel applique un plus et un moins, ne cesse pas de ne pas réussir à s'inscrire : il s'agit d'une écriture qui ne parvient pas à s'inscrire. Elle ne parvient pas à devenir lettre, à se chiffrer. Que faudrait-il alors pour que l'inscription d'Abdel entame le réel?

Temps I. D'une séance nécessaire, sauvage et généralisée...

Nous distinguons deux temps de la séance nécessaire. Un premier, dans lequel Abdel est déjà au travail de l'acte dans une séance qui ne cesse pas, dans une continuité sans limite de temps et d'espace, parce que le temps et l'espace, dans la psychose, sont réels. L'enfant n'est pas *dans* un temps et *dans* un espace significantisés, « comptés, mesurés [10] ». Faute de la signification phallique « on ne mesure pas le monde [11] », le sujet ne se situe pas dans le temps et dans l'espace. Seules une prise d'énonciation et la création d'une signification peuvent inscrire la discontinuité du sujet dans le réel.

« Sauvage », parce qu'il ne peut pas compter sur des partenaires qui sachent s'associer à son acte dans les conditions stratégiques et tactiques qu'il exige.

Temps II. ... à l'offre de partenaires nécessaires sous condition

Dans un deuxième temps, dans lequel l'enfant poursuit sa « séance nécessaire » non plus seul mais « à plusieurs », il choisit d'associer à son acte des partenaires « éclairés », orientés par la politique de l'acte du sujet psychotique, par une position transférentielle adéquate et par un calcul de l'interprétation à opérer.

Ainsi, la création d'une signification comme « défense du réel » ne peut s'inscrire qu'à la condition que ces partenaires se positionnent, stratégiquement et tactiquement quant au savoir, autrement que dans la névrose.

Une offre calculée :
« Parler sans demander »

Sachant, comme nous le rappelle Jacques Lacan[12], que ces enfants « n'arrivent pas à entendre » ce que nous avons à leur dire parce que « nous nous en occupons », il nous reste à inventer des modalités de nous faire « secrétaires de leur acte sans pour autant nous "en occuper" », sans un vouloir ou une demande. Il s'agit d'inventer une façon d'incarner, en « apportant notre corps et nos pulsions lacaniennes[13] », une présence, un ton de la voix, un regard, « une parole, qui ne demande pas[14] ». « Ils n'arrivent pas à entendre » parce que, la présence des partenaires étant demande, ils deviennent intrusifs, parole et demande ne sont pas disjointes.

Le transfert et le savoir

Comment être partenaires sans demander ? La première condition concerne le savoir : ces partenaires ont à savoir que, sous le battement, il y a un sujet *(upokeimenon)* qui sait déjà pour lui-même. Ils doivent savoir être « prestes » au rendez-vous en faisant une place et à son énonciation et à son élaboration, selon les temps et selon les lieux propres au sujet.

La seconde condition concerne un savoir ne pas savoir : ces partenaires n'ont pas à savoir à la place du sujet, à savoir ce que doit être la signification du sujet, ce que doivent être les temps ou les lieux qui interviennent dans son élaboration.

Des partenaires doublement nécessaires

Il en découle que les partenaires ne donnent aucun rendez-vous à l'enfant, mais se préoccupent au contraire, sans cesser, dans le temps et le lieu choisis par l'enfant, d'être eux au rendez-vous du sujet.

Ainsi, à la « séance nécessaire » répondent des partenaires qui ne cessent pas non seulement quant au temps et à l'espace, mais aussi quant aux conditions à partir desquelles se faire partenaires : ils n'ont pas à cesser d'être dociles à l'énonciation du sujet selon ses temps et ses lieux et ils n'ont pas à cesser d'être dans une position, et de savoir, et de savoir ne pas savoir.

Ainsi, l'amour de transfert d'Abdel se déploie vers des partenaires qui se battent pour faire une place à son énonciation et à sa signification. Ces partenaires essaient d'incarner un champ où chacun d'eux est mis en position, par Abdel, de sujet supposé savoir faire une place à son énonciation et à sa création de signification.

Différemment que dans le transfert analytique, où l'analyste a fondamentalement une valeur d'«obstacle», où il «incarne un non absolu dans la dimension de l'interlocution»[15], avec ces enfants les partenaires essaient d'incarner un oui absolu à l'énonciation du sujet et à sa signification pour que cette signification puisse constituer un non absolu et fondamental à l'Autre déréglé. Le premier «non absolu» vise un dévoilement de la défense du sujet, alors que, dans le cas de la psychose, le «non absolu» est un non à l'Autre déréglé pour permettre ainsi au sujet de se produire comme une défense de cet Autre et de se fonder d'une inscription première.

L'interprétation et le savoir

Peu à peu, Abdel, en introduisant des partenaires dans sa séance nécessaire, s'intéresse à la géographie des différents circuits de la maison, leur début, leur parcours et leur aboutissement : ceux de l'eau, du gaz, de l'électricité. Puis il s'intéresse aux circuits du corps : du sang, de l'air et de la nourriture ; au circuit des maisons de ses partenaires, à leur femme, à leurs enfants. Il construit l'arbre généalogique de chacun. Les deux conditions exigées étant rencontrées, Abdel associe des partenaires dans ce travail d'élaboration et il vérifie auprès d'eux, à tout moment et partout, le savoir qui l'intéresse sous forme de questions : «C'est le tuyau du gaz?», «L'eau passe par où?», «Est-ce que les radiateurs sont contagieux?» À ses questions nous ne répondons pas. Pourquoi? Pour incarner ce savoir ne pas savoir à sa place, nous préférons faire nôtres ses questions. Alors Abdel, à notre plus grande surprise, répond lui-même aux questions qu'il posait. Il savait.

Même s'il sait, Abdel demande cependant à chacun de nous avec qui il va travailler pendant la journée, qui va le conduire à la maison, pourquoi un enfant est absent. S'il ne connaît pas la réponse et qu'un savoir doit lui être donné, les partenaires préfèrent l'accompagner pour qu'il adresse sa question aux lieux qui « doivent » savoir, qui sont « obligés » de savoir : le dictionnaire, Sigmund Freud, Jacques Lacan, l'horloge, la directrice, le programme, les menus, etc.

Différemment que dans la névrose, l'interprétation ne vient pas comme « dérangement », ni comme « déchiffrage »[16], mais comme acte du sujet.

Abdel, par ses questions, vérifie ainsi, d'un côté, si nous savons faire une place à son énonciation, à son droit à interpréter et, de l'autre côté, si nous ne nous prenons pas pour ceux qui détiennent le savoir à sa place.

Dans le deuxième temps de sa séance nécessaire sous condition, Abdel non seulement élabore une signification faite de circuits, un *ersatz* de symbolique imaginarisé, entamant ainsi et mortifiant le réel du temps et de l'espace, mais il se construit aussi une interprétation, une signification quant aux interdits, à la loi, aux dangers, à la vie et à la mort, à la chrétienté et à l'islam, il se donne une signification de ce qu'il faut faire pour être un homme ou une femme.

Au fur et à mesure qu'il inscrit son énonciation et sa signification auprès de ses partenaires, la « séance » se localise, se limite, se temporalise, cesse même pour Abdel, qui s'ouvre de plus en plus au lien social.

La tâche interprétative est donc acte du sujet : à nous la tâche de l'ancrer, de la localiser, de l'arrimer, afin que son acte de création puisse se chiffrer, se faire lettre.

Ponctuation et inscription

Là où dans la névrose la fonction du psychanalyste est celle de « l'éditeur, comme celui qui ponctue le texte[17] », de celui qui déchiffre le texte de jouissance du sujet, dans la psychose ne peut-on pas avancer que nous essayons de réaliser un *ersatz* de la ponctuation par un arrimage, une inscription de son énonciation et de sa signification afin qu'elles s'inscrivent et se localisent auprès de ses partenaires? Ne peut-on pas dire que ces partenaires sont des imprimeurs, qui « composent », au sens typographique du terme, le texte, qui « composent l'énonciation et la signification » du sujet, avec des effets de chiffrage, d'arrimage et d'inscription? À se faire secrétaires du sujet, son texte trouve un poinçonnage, un ancrage, une inscription qui « permet[tent] de noter la place de la jouissance »[18].

Le temps de la « séance nécessaire »

Si Jacques Lacan s'est séparé de la norme standard d'un temps fixe pour la durée d'une séance en introduisant la séance variable, c'est justement pour contrer les « ruses de l'analysant qui se sert du temps préalablement déterminé, précisément aux fins de résistance[19] ». La séance courte, avec un temps variable, fait intervenir un temps hors mesure, un temps qui ravive plutôt le réel du temps, et cette manœuvre temporelle « sous la forme de la hâte » permet d'accentuer la « place de l'analyste comme réel » : « Le temps de la hâte est un objet *a* »[20].

Au contraire, dans la « séance nécessaire » les enfants sont encore dans un temps réel : le temps et l'espace sont un réel qui n'est pas symbolisé, mesuré, chiffré par la signification phallique.

Le temps alors de la séance nécessaire ne peut pas servir pour une manœuvre, mais il doit lui-même être traité, faire l'objet d'une négativation. Les partenaires ont à se hâter, mais à s'associer à ce traitement du temps réel.

L'inclusion dans la séance nécessaire de partenaires, qui ne cessent pas d'« être sous la règle » de l'énonciation du sujet, a aussi des effets sur le temps et l'espace.

Au fur et à mesure qu'Abdel élabore ses significations, il quitte son repli, se risque dans le lien social, se repère davantage quant au temps et à l'espace, sa « séance » devient de moins en moins « nécessaire ». Ses temps d'élaboration se réduisent pour laisser place à un savoir d'apprentissage, ses lieux se différencient, s'articulent. Surgit un sujet qui s'impose, qui prend position, qui dit non, qui a ses goûts, ses préférences, ses choix. Abdel se positionne quant aux interdits, au sexe, à l'existence et aux objets de la pulsion.

Abdel, par la double inscription – celle auprès de ses partenaires et celle de son énonciation et d'une signification qui lui est propre –, arrive à se passer de ces partenaires. Abdel vient de quitter l'Antenne 110. Il est prêt à intégrer un enseignement scolaire.

Ne peut-on pas dire qu'il a pu passer d'une séance nécessaire généralisée à la possibilité de se confronter à la contingence, car il a réussi à ce que son énonciation et son savoir portent d'une certaine façon une entame dans le réel, en étant ainsi « dans le réel sous la forme d'une discontinuité [21] » ?

Cette séance nécessaire, où le discours analytique est inapplicable, exige cependant des partenaires quelconques, des partenaires qui viennent compléter cette séance d'un désir chaque fois particulier et issu de notre pratique à plusieurs. L'effet de cette pratique a entretenu les partenaires d'Abdel dans une position qui puisse disjoindre la présence de la demande, et accueillir ainsi une construction neuve d'Abdel.

IV
Fins de série

Patrick Monribot

C'était la dernière séance...

Une poignée d'heures auprès des passeurs pour toute une cure a exigé du passant hâtif une concision du propos dès l'orée du témoignage. Pas de temps pour la dilution. La première question face à l'attente silencieuse du passeur fut de savoir par où démarrer.

L'improvisation, l'intuition, et sans doute une logique ignorée, l'invitèrent à commencer par la fin, à relater en détail ce qu'il considérait comme sa dernière séance.

« C'était la dernière séance et le rideau sur l'écran est tombé[1] » : voilà un air connu jusqu'à la ritournelle. Ce fut ici posé dans l'acception freudienne, où coïncident fin d'analyse et arrêt des séances, mais encore fallut-il dresser l'itinéraire menant à ce point d'aboutissement.

Comment, en effet, le passant lui-même, puis passeurs et cartels ont-ils pu repérer la pertinence et la justesse du terme dans ce cas précis? Quelle est la teneur de l'assurance – à défaut de garantie – d'une telle assertion? Est-ce un savoir ou un pari? À entendre ou à déduire? Comment distinguer terminaison et interruption? Le dilemme pourrait se résumer ainsi : moment de conclusion d'une cure... ou conclusion d'un moment de cure? C'est aussi bien la question qui sépare Passe à l'entrée et Passe conclusive. Car les moments de cure se franchissent eux aussi – telle la traversée du fantasme – et les effets de ces avancées peuvent donner des ailes, voire des illusions de finitude.

Certitude et conviction

Le passant s'est fait un devoir de convaincre, Y a contribué un ton assuré, mâtiné de sincérité, en rupture avec son habituel côté « douteur », et propre à gagner le passeur à sa cause. Mais il n'y suffit pas. Un ex-AE de l'ECF[2] épinglait, il y a peu, la valeur de vérité de la sincérité, véritable « idéal chimérique » qui convoque plutôt des postures imaginaires et qui, malgré son air de noblesse, « n'est en fait qu'un masque moïque ». Le passant doit apporter une preuve relevant plus du sujet que du moi ; celle-ci prend allure d'épreuve : la passe dans son plein dispositif. Cette dernière pourrait même se définir ainsi : faire passer la certitude de l'un (le passant) à la conviction de l'autre (le cartel).

Conviction, côté cartel – et pas davantage –, car il n'y a pas de garantie absolue ; la question sera de réduire la probabilité d'erreur d'appréciation.

Certitude, côté passant, comme au-delà de la sincérité. L'image serait celle d'un bateau accostant un nouveau rivage ; le passager ne sait pas nécessairement où il est, mais il est sûr d'être arrivé, au moins sur la terre ferme.

Avoir touché le bord fait le point de certitude, et l'enjeu de la passe est d'en livrer le contour. Avec le rivage, c'est ainsi la référence au littoral qui fait le poids dans cette affaire.

Du divan à la passe : les faits

Le sujet ne sait pas le jour même que la séance à venir sera la dernière. Dès le matin, une tristesse l'accable, inhabituelle, paradoxale et inexpliquée. Il en saura, à la mi-journée, la raison ; l'analyse est terminée.

Il saisit cette intuition en une fraction de seconde et il en tient la certitude car il est confronté à un trou d'un nouveau genre. Non pas le signifiant du trou qui avait marqué sa vie et sa cure, mais un trou dans le signifiant, un impossible à déchiffrer plus avant ; plus rien à extraire, plus de grain à moudre.

Reste à en faire part à l'analyste, en fin de journée. En séance lui revient une métaphore récurrente ; maintes fois il avait voulu poser les valises comme on dépose les armes, maintes fois l'analyste y avait objecté. Cette fois, pas question de les poser, le sujet repart avec, mais elles sont vides.

Quitter l'analyste est un pas de plus qui peut prendre un temps variable. En l'occurrence, cette seule séance y a suffi. Ce n'était pas chose mince, pour ce grand invalide des séparations qu'avait été le sujet.

Rideau sur dix-huit ans de cure, sans autre forme d'au revoir et non sans émotion. Celui qui n'avait jamais, durant l'analyse, voulu ou pu verser une larme au motif névrotique que « c'était là une affaire de femme » se retrouve dans la rue, décontenancé, en sanglots retrouvés, mais plus triste du tout.

Dans ce moment de conclure, s'est donc substitué à la limite de tout savoir un « savoir quant à la limite ». Le sujet garde les valises (même vidées de leur jouissance en trop), car en fait ce sont elles qui le possèdent. C'est toute la question de la jouissance résiduelle et de l'irréductible du symptôme. Les valises le possèdent – et réciproquement – du fait de l'identification au symptôme ; se débrouiller avec sa valise, c'est consentir à ceci : « Je suis comme je jouis [3]. »

Le post-scriptum de cette dernière séance sera la Passe (« scriptum » car il y est question de la lettre). La passe devenue possible ne fut pas une obligation mais une nécessité. En cela, elle est homogène à la catégorie logique du symptôme. Le sujet candidat ne voulait pas spécialement être AE. D'ailleurs, comment répondre, par avance, à une telle question autrement qu'en termes imaginaires d'envie ou de peur?... Il en prenait simplement le risque. Il voulait surtout faire valoir la solution originale à ses impasses et attendait en retour l'opinion du cartel : une sorte de « deal ».

Au-delà des constructions ?

C'est l'ensemble des constructions qui ont validé la dernière séance comme ultime. À cet égard, tout est précieux : de la névrose infantile à la traversée du fantasme, de ce dernier à la trouvaille symptomatique de sortie, il n'y a pas de bas morceaux dans le témoignage. L'important est que ces constructions aient opéré à la manière d'un jeu de Lego décomplété de toute pièce finale. Elles ont permis de faire surgir, s'écrire, une lettre de jouissance – ici « le frisson » (de fièvre) et, plus globalement, la fébrilité. Ces manifestations physiques avaient dramatiquement marqué la vie menacée du sujet enfant ; il les a retrouvées peu avant la fin de cure, nouées au souci qu'il avait de l'institution analytique alors en crise. Ces retrouvailles ont pris l'allure d'un énoncé en public : « L'AMP est menacée, elle a la fièvre, ça me donne des frissons [4]. »

Le sujet fut renvoyé par son interlocuteur à l'étymologie, c'est-à-dire à la lettre de jouissance, du mot « frisson ». Quelques semaines après, il concluait sa cure et demandait la Passe.

La lettre, bien que précipitation du signifiant, n'en a pas les propriétés ; elle est identique à elle-même et n'enchaîne pas la quête du sens. Elle parafe au contraire le non-sens radical d'une trace primaire de la jouissance – (S_1 tout seul). Par là se prouve, s'atteste sa fonction de bord du Réel ; son trajet (ou tracé) vient faire limite à une tension vers un impossible à dire ou à savoir.

Lors d'une Journée des AE à Bruxelles, une collègue, AE de l'EEP, posait la question de prouver l'affinité entre les constructions et le Réel[5].

Dans le particulier du cas, nous pouvons amorcer une réponse. Au terme du travail de construction, poursuivi durant la procédure, le passant a pu éprouver cette limite, en tant que point de fuite à toute perlaboration et point d'arrêt aux constructions. Lors de l'entretien avec un des passeurs, il est saisi d'un brusque accès de fièvre et frissonne, au point d'interrompre la rencontre. Cette ultime présentification du symptôme comme « événement de corps » signait le retour du Réel, sur le mode d'une trace de jouissance.

Posons la thèse d'un événement de corps, surgissant en lieu et place de l'inconstructible (et non pas de l'inconstruit). Se vérifiait la proposition de « Lituraterre », où la lettre fait littoral entre jouissance et savoir : « Le bord du trou dans le savoir, voilà-t-il pas ce qu'elle dessine[6]. »

« Voir où est le trou »

« Le savoir ne découvre rien... car il invente[7] », nous dit Lacan. *Idem* pour les constructions qui inventent pour border le trou en dessinant les conditions d'émergence de la lettre. « Pour voir où est le trou, il faut voir le bord du Réel[8]. »

Et la lettre de frisson, de fièvre et de fébrilité participe jusque dans le corps à ce phénomène de « visibilité » du bord. Tel est le résidu de l'opération analytique.

« Voir où est le trou » a des conséquences : le sujet n'est plus à la même place. Toute l'épaisseur de sa vie tendait à démentir le trou. Il peut à présent faire le saut du démenti au symptôme dans sa valeur sinthomatique. Celui-ci avait déjà pris racine dans la cure, mais il restait à le formaliser dans la passe, où s'est élaborée sa formule épurée. Pour la résumer, nous l'appellerons « ménage à trois ». Des possibilités inédites d'aimer et de travailler ont trouvé à se conjuguer : une femme a bien voulu se prêter à un amour décomplété par un lien nouveau à l'École de Lacan. Cette conclusion, assortie des événements de corps, a soldé la passe.

Conclusion

Voilà donc la preuve validant la « dernière séance », et par laquelle la certitude du passant a pu contaminer le cartel *via* ces agents de contagion que sont les passeurs.

Deux remarques pour conclure :
– La dernière séance n'exclut pas l'avenir d'une toujours possible reprise d'analyse : certains AE l'ont fait ou auraient pu le faire. Mais la reprise n'est pas dans le continuum et n'invalide pas la conclusion précédente.
– Si d'autres enfin ont pu continuer la cure au-delà d'une nomination, cela montre bien que la chronologie de la dernière séance n'est pas seulement diachronique et qu'elle participe d'un temps logique indépendant du calendrier.

Virginio Baïo

Séance d'une vie

Pourquoi Jacques Lacan a-t-il raison lorsque, dans « Fonction et champ de la parole et du langage en psychanalyse », il dit que « la technique ne peut être comprise, ni donc correctement appliquée, si l'on méconnaît les concepts qui la fondent[1] » ?

La séance est analytique à condition d'être homogène à l'acte analytique. C'est-à-dire à condition que la tactique spatio-temporelle qui intervient dans la séance soit homogène à la stratégie transférentielle et à la tactique interprétative.

Qu'entendre par « homogène » ? Le mot vient du grec et est composé de *homos*, « même », et de *genos*, « genre ». Cela veut dire – en reprenant cette métaphore de Jacques Lacan : « il y a quelque chose de commun entre la feuille, la façon dont s'imbriquent et s'insèrent les nervures de la feuille et toute la plante[2] » – que la tactique et la stratégie de la séance analytique ne peuvent que porter les « nervures » de l'acte analytique. Acte grâce auquel l'analysant rencontre le « programme » fantasmatique qu'il est comme « réponse du réel ». Comment repérer que la séance analytique porte les « nervures » de l'acte ? J'essaierai, par deux séquences cliniques, de distinguer les séances symptomatiques des séances analytiques.

Séances symptomatiques

Pendant plusieurs années, A., qui s'est installé comme analyste, convoque ses analysants dans un champ orienté selon les règles standard du dispositif de la séance analytique. Ce champ est « préalablement déterminé » : la fréquence, la durée, les heures de la semaine, le nombre de séances, leur lieu, tout se fait selon une régulation spatio-temporelle établie d'emblée et symboliquement immuable. Après deux ou trois séances d'« anamnèse », A. donne aux analysants la règle de l'association libre et reste pendant des années imperturbablement silencieux.

Les analysants associent, produisant leurs identifications signifiantes, leurs significations de jouissance ; ils déroulent leurs chaînes signifiantes avec une méticulosité obsessionnelle.

Après quelques années, de façon précipitée et inattendue pour A., les analysants arrêtent leur analyse.

Séances analytiques

Suite aux impasses où il mène ses cures et à l'état presque permanent d'angoisse où il se trouve malgré ses réussites sociales, A. reprend alors son analyse, qu'il avait interrompue. Sa demande adressée à l'analyste B. est déjà porteuse d'une question : pourquoi les identifications signifiantes n'assouvissent-elles pas son angoisse ?

La première rencontre avec l'analyste B. est pour A. un instant toujours plus bouleversant : A. rencontre chez l'analyste B. l'incarnation d'un Autre intraitable, hors repère.

A. se croit déjà en analyse, mais après un rêve il découvre que c'est seulement à partir de ce moment-là qu'il est analytiquement orienté. Dans le rêve, A., invité à une réception que l'analyste B. donne chez lui, se promène dans les grandes pièces pour se faire remarquer par son analyste. Demande qui rate parce que celui-ci est occupé à regarder ailleurs. C'est là que A. saisit que sa demande est enfin une demande orientée par le désir de l'analyste, en tant que cette demande investit l'analyste d'un objet pulsionnel auquel B. ne répond pas. C'est seulement à ce moment-là que l'analyste indique à A. le divan.

« Quand dois-je venir ? » « Venez ! » est la réponse de l'analyste. Un « Venez ! » entendu par A. comme hors sens, sans limites, sans lien. A. se sent exposé à un analyste sans règles, qui ne s'en tient pas aux standards symboliques du dispositif, qui ne tient compte ni du temps, ni des distances, ni des limites du travail auxquels A. est soumis : l'incarnation pour A. du caprice. Le temps et l'espace ne sont pas réglés ; ils ne viennent pas régler la présence de l'analyste ni donner un repère à A. L'analyste est la règle, et sa règle qui le règle est le réel, qui conditionne temps, espace et modalités de la présence de l'analyste.

A. s'en va en arrêtant ses séances analytiques seulement après plusieurs années, une fois qu'il a rencontré l'interprétation de son désir dans le programme fantasmatique. Il choisit alors de poursuivre dans sa position d'analysant. Mais analysant qui sait, par l'acte, le « malentendu » qu'il s'était fait pour se défendre du réel. Maintenant il sait qu'il lui reste la responsabilité d'un choix qui ne cesse pas de se poser : celui de continuer à céder à sa réponse fantasmatique ou, au contraire, de se faire analysant qui s'expose à mordre sur le réel.

Symbolique et réel

Comment comprendre ces séances dans les deux cures ? Sont-elles homogènes à l'acte analytique ?
A. dirige la cure en pariant sur le symbolique du dispositif de la séance comme thaumaturgique, capable, par le pouvoir du dispositif même, d'amener l'analysant à cerner sa vérité fantasmatique. A. applique le dispositif sans se soucier des conditions pour que l'acte soit possible. Conditions repérables d'un côté dans la subjectivation du symptôme, de l'autre dans l'érection du sujet supposé savoir. A. parie sur le temps non pas comme réel mais comme compté, mesuré, mortifié, symbolisé [3].
Même si les analysants de A. déroulent dans les séances leurs chaînes signifiantes, ces chaînes signifiantes ne sont pas orientées, elles ne sont pas mises en tension entre le réel opaque inclus dans la répétition signifiante et l'attente d'un savoir interprétatif à venir du sujet supposé savoir. Faute de cette « mise en tension », les séances sont le lieu et le temps d'un récit de personnes, récit qui n'est en rien différent du bla-bla thérapeutique de la rue. Leur dire est orienté non par le désir de l'analyste, mais simplement par le désir de l'Autre, par le désir d'une autre version du père. Leur dire n'est rien d'autre qu'une énième répétition symptomatique, c'est-à-dire une demande de se doter d'une nouvelle identification.
Par la régulation du temps des séances réduit à sa mesure symbolique, A. « consonne » et « collabore » avec la stratégie de sujets en position obsessionnelle, qui, avec leurs ruses, se servent du temps préalablement déterminé de la séance aux fins de la résistance [4].
Selon la lecture que A. en fait, l'analyste B. dirige la cure en incarnant le réel. Il prête son corps au réel pour que l'analysant réponde à ce réel par son interprétation fantasmatique. Il incarne le réel en le

faisant « consonner[5] » de façon interprétative à la version fantasmatique de l'analysant. Il sait donner le tempo en tant que c'est le réel du désir de l'analyste, désir sans couverture fantasmatique, qui donne la mesure, la coupure, la scansion.

Ainsi, l'analysant fait une deuxième fois l'expérience (non plus dans le temps de la causation du sujet, mais dans la séance analytique, où, dans la rencontre avec le réel du désir de l'analyste, il se fait réponse du réel incarné par l'analyste) de « la place que le fantasme tient pour le sujet, [...] la place du réel[6] ».

C'est à cette place, à la place du réel, que l'analyste vient[7]. Il vient, pourrait-on dire, comme un Janus bifrons qui fait bord entre discours et réel. Cette place du réel est en même temps hors discours et présence réelle : hors discours, en tant que ce réel hors discours, incarné par l'analyste, attire à lui la réponse que l'analysant s'est faite pour s'en défendre ; présence réelle, qui passe par des manœuvres qui consonnent avec le réel de l'Autre et non pas avec l'Autre de la norme ou l'Autre du désir.

Dans la séance analytique, c'est à cette « place du réel que l'analyste[8] » vient donner corps par « le ton, la voix, l'accent, voire le geste et le regard[9] ». Ses manœuvres, son mode de présence, du traitement du temps de la séance consonnent avec cette « figure du réel[10] » qu'est l'analyste dans sa valeur stratégique d'incarner l'obstacle, un non absolu[11]. Le style, la façon d'incarner cette place du réel, lié à sa présence physique, à ses bruits, à ses regards sans yeux, à sa façon de fendre l'air, de marcher avec le risque qu'il vous tombe dessus ; tout renvoie à un réel, hors discours qui « attire tout à lui » le discours de l'analysant.

Par son style, l'analyste « s'égale à la chose innommable[12] », en « contrastant » (en latin *contra-stare* : « rester debout, tout contre »), en restant tout contre le réel, d'une façon avertie, c'est-à-dire en vibrant et en consonant à l'interprétation de l'analyste.

La présence réelle de l'analyste, qui subvertit le temps et l'espace de la séance en temps et espace réels, déborde la séance même venant introduire une discontinuité dans l'endormissement fantasmatique de la vie quotidienne de l'analysant. Un autre temps s'infiltre dans le temps symbolique du quotidien : l'analysant se fait à l'heure, à la mesure non plus de la mesure phallique, mais à la mesure et au tempo du réel de la présence de l'analyste.

Réel du temps à entendre comme en parle Jacques Lacan : le réel qui « est sans loi, qui n'a pas d'ordre, qui implique l'absence de loi[13] ». Là où le silence de A. est de l'ordre de la mortification symbolique, le silence de B. est un refus de répondre, une figure du réel, qui ne répond pas.

L'interprétation de A., qui croit avoir affaire à un Autre capricieux, sans loi, tombe face à la découverte que c'est le réel qui est sans loi : l'Autre capricieux était ce visage de Janus qui masquait le visage de Janus réel.

Séance analytique et passe

Si, comme le propose Jacques-Alain Miller, on considère rétroactivement, à partir de la passe, le pas initial de A., l'entrée en analyse « pourrait bien apparaître d'emblée comme une quasi-passe[14] ».

À partir de là, si la passe apparaît comme moment de conclure, ne pourrait-on pas vérifier s'il y a un lien entre séance analytique, temps logique d'une analyse et passe ? On pourrait alors entendre cette « quasi-passe » initiale comme l'instant de voir où l'analysant subjective son symptôme, instant qui inaugure la série des séances qui sont alors analytiques, instant premier qui coïncide avec une rencontre du réel[15].

Cet instant de voir introduit alors l'analysant au deuxième temps de comprendre de l'analyse, temps de comprendre, temps de la séance analytique où l'analysant élabore et construit son interprétation. Pour répondre à la présence réelle du désir de l'analyste, qui opère par une interprétation à l'envers[16], l'analysant construit, en séance, l'interprétation qu'il s'était faite comme réponse du réel. Cela correspond à un deuxième temps de passe, temps d'une passe dont « l'analyste est un passeur, le passeur du sujet auprès de l'Autre[17] ».

Le troisième temps de passe correspond au moment de conclure, au moment sur lequel ouvre la traversée du fantasme. La séance analytique se fonde alors sur un « Et maintenant, quelle réponse me faire du réel ? ». C'est pendant ce temps de conclure que s'inscrivent déjà les fondements d'une École, où à l'analyste comme sujet supposé savoir succède l'analyste comme passeur auprès de l'Autre de l'École. Ce moment de conclure de la passe anticipe sur la rencontre avec le dispositif de la passe, dispositif symbolique qui implique là plusieurs, des passeurs et des membres du cartel de l'École.

Passe et séance d'une vie

« La passe, dit Jacques-Alain Miller, est une sorte de douane, mais c'est une douane où l'on ne vous demande pas vos papiers d'identité. On vous demande au contraire de démontrer que vous n'avez plus de papiers d'identité. Et seuls passent cette douane ceux qui ont perdu pour toujours leurs papiers d'identité[18]. »

Ce troisième moment de conclure de la passe est déjà un moment de l'analyse où l'analysant avance face au réel dénudé, sans papiers, sans l'Autre douanier, avec le seul fil d'Ariane de $S(\cancel{A})$: c'est avec cela qu'il essaie de mordre sur le réel. Dans ce moment de conclure l'analysant parle, non plus programmé par a, mais il essaie de parler en venant à cette place de $S(\cancel{A})$, essayant d'être au rendez-vous d'une séance nouvelle, que le réel même lui donne, dans le pari de le contrer en bricolant un nouveau savoir.

Le moment de conclure de la passe fonde et inaugure une nouvelle séance qui se renouvelle sans cesse, la séance d'une vie où les nouveaux partenaires de l'analysant sont le réel et l'École.

Saura-t-il, analysant encore, se faire sans cesse champ dans la mise en tension entre réel et École ? Pour que ce champ de l'École « consonne » au silence du réel ?

Notes

I. UNE QUESTION ÉTHIQUE

La séance freudienne, Anne Lysy-Stevens

1. Freud (S.), *La Question de l'analyse profane* (1926), Paris, Gallimard, 1985.
2. *Ibid.*, p. 29.
3. *Ibid.*, p. 33-36.
4. *Ibid.*, p. 34-35.
5. *Ibid.*, p. 36-38.
6. *Ibid.*, p. 97.
7. Freud (S.), *Sigmund Freud présenté par lui-même* (1925), Paris, Gallimard, 1984, p. 72.
8. Freud (S.), *Sur l'histoire du mouvement psychanalytique* (1914), Paris, Gallimard, 1991, p. 21-32. Cf. notamment : « La théorie du refoulement est à présent le pilier sur lequel repose l'édifice de la psychanalyse » (p. 29), et : « Le fait du transfert […] m'est toujours apparu comme la preuve la plus inébranlable de l'origine sexuelle des forces pulsionnelles de la névrose » (p. 23).
9. Lacan (J.), *Le Séminaire I, Les Écrits techniques de Freud*, Paris, Éd. du Seuil, 1975, p. 22 et 24 ; et « La direction de la cure et les principes de son pouvoir », *Écrits*, Paris, Éd. du Seuil, 1966, p. 586.
10. Freud le fit après le Congrès de Salzbourg, où il exposa le cas de l'Homme aux rats, dont la cure s'était achevée six mois avant ; il n'avait pas encore rédigé l'exposé du cas des *Cinq Psychanalyses*. Voir Jones (E.), *La Vie et l'Œuvre de Freud*, t. II, Paris, PUF, 1961, p. 245 et 281.
11. Lacan (J.), *Le Séminaire I, Les Écrits techniques de Freud*, op. cit., p. 14-15.
12. Freud (S.), « Conseils aux médecins sur le traitement analytique », *La Technique psychanalytique*, Paris, PUF, 1953 (6e éd. 1977), p. 61.

NOTES

13. Freud (S.), « Le début du traitement », *La Technique psychanalytique*, *op. cit.*, p. 80.
14. Lacan (J.), *Le Séminaire I, Les Écrits techniques de Freud*, *op. cit.*, p. 16.
15. Freud (S.), « Conseils aux médecins... », *op. cit.*, p. 61.
16. Freud (S.), « De la psychothérapie », *La Technique psychanalytique*, *op. cit.*, p. 12.
17. Freud (S.), « Sur la préhistoire de la technique analytique » (1920), *Résultats, Idées, Problèmes*, t. I, Paris, PUF, 1984, p. 257-258.
18. Freud (S.), « De la psychothérapie », *op. cit.*, p. 12.
19. Freud (S.), « Le début du traitement », *op. cit.*, p. 93.
20. *Ibid.*, p. 80.
21. Freud (S.), « Conseils aux médecins... », *op. cit.*, p. 61.
22. Freud (S.), « À propos de la psychanalyse dite "sauvage" », *La Technique psychanalytique*, *op. cit.*, p. 41.
23. Freud (S.), « Le début du traitement », *op. cit.*, p. 80-81.
24. Cf. divers articles de *La Technique psychanalytique*, *op. cit.*, p. 7, 16-17, 27, 81, 139.
25. Freud (S.), « Le début du traitement », *op. cit.*, p. 81.
26. Freud (S.), « Conseils aux médecins... », *op. cit.*, p. 62.
27. Freud (S.), « La méthode psychanalytique de Freud », *La Technique psychanalytique*, *op. cit.*, p. 3-5.
28. *Ibid.*, p. 4-5 ; et *La Question de l'analyse profane*, *op. cit.*, p. 87.
29. Freud (S.), « Petit abrégé de psychanalyse » (1924), *Résultats, Idées, Problèmes*, t. II, Paris, PUF, 1985, p. 102.
30. Lacan a lu la « résistance » dans ces textes de Freud dans sa dimension discursive ; voir à ce sujet notamment *Le Séminaire I*, *op. cit.*
31. Freud (S.), « La méthode psychanalytique de Freud », *op. cit.*, p. 4.
32. Freud (S.), « Petit abrégé de psychanalyse », *op. cit.*, p. 103 ; et aussi « La méthode psychanalytique de Freud », *op. cit.*, p. 4, et « Les voies nouvelles de la technique psychanalytique », *La Technique psychanalytique*, *op. cit.*, p. 131.
33. Freud (S.), « Conseils aux médecins... », *op. cit.*, p. 61-62.
34. Cf. Lacan (J.), « Situation de la psychanalyse et formation du psychanalyste en 1956 », *Écrits*, *op. cit.*, p. 471 ; et Cottet (S.), *Freud et le Désir du psychanalyste*, Paris, Éd. du Seuil, 1996, p. 22.
35. Freud (S.), « Conseils aux médecins... », *op. cit.*, p. 62.
36. Lacan (J.), « Variantes de la cure-type », *Écrits*, *op. cit.*, p. 358 ; et Freud (S.), « Extrait de l'histoire d'une névrose infantile », *Cinq Psychanalyses*, Paris, PUF, 1979.
37. Freud (S.), « Conseils aux médecins... », *op. cit.*, p. 65.
38. Freud (S.), « Le maniement de l'interprétation des rêves en psychanalyse », *La Technique psychanalytique*, *op. cit.*, p. 48-49.
39. Freud (S.), « Le début du traitement », *op. cit.*, p. 96.
40. Freud (S), « Conseils aux médecins... », *op. cit.*, p. 71.

NOTES

41. *Ibid.*, p. 66-67. Déjà deux ans plus tôt, dans « Perspectives d'avenir de la thérapeutique analytique », Freud présente comme une innovation technique l'obligation pour le médecin de subir une analyse, ici pour reconnaître et maîtriser son contre-transfert (*La Technique psychanalytique, op. cit.*, p. 27).
42. Cottet (S.), *Freud et le Désir du psychanalyste, op. cit.*, p. 131.
43. Freud (S.), « Le début du traitement », *op. cit.*, p. 94-97.
44. Freud (S.), « Remémoration, répétition et perlaboration », *La Technique psychanalytique, op. cit.*, p. 114-115 (nous soulignons).
45. Cette confiance faite à la règle fondamentale n'implique pas la confiance faite à l'analyste ou à la psychanalyse : l'attitude du patient sur ce point importe peu, note Freud, elle n'est qu'un symptôme « qui ne saurait nuire au traitement, si le patient se conforme consciencieusement à la règle fondamentale » (« Le début du traitement », *op. cit.*, p. 83).
46. *Ibid.*, p. 86 et 88.
47. Freud (S.), « La méthode psychanalytique de Freud », *op. cit.*, p. 8.
48. Roazen (P.), *Comment Freud analysait*, Paris, Navarin, 1989, p. 32-33.
49. Freud (S.), « Le début du traitement », *op. cit.*, p. 88.
50. Freud (S.), « De la psychothérapie », *op. cit.*, p. 15.
51. Freud (S.), « Le début du traitement », *op. cit.*, p. 84-86.
52. *Ibid.*, p. 86.
53. Freud (S.), « Le maniement de l'interprétation des rêves... », *op. cit.*, p. 44.
54. Freud (S.), « Remémoration, répétition et perlaboration », *op. cit.*, p. 106 (nous soulignons).
55. Dans « Le maniement de l'interprétation des rêves... », Freud précise qu'il ne faut pas craindre de perdre beaucoup en interrompant l'analyse d'un rêve au terme d'une séance, parce qu'« il ne faut jamais, au bénéfice d'une interprétation de rêves interrompue, négliger d'utiliser d'abord tout ce qui vient à l'esprit du malade » (*op. cit.*, p. 45).
56. Freud (S.), « Le début du traitement », *op. cit.*, p. 91-92.
57. Freud (S.), « À propos de la psychanalyse dite "sauvage" », *op. cit.*, p. 41.
58. Freud (S.), « La dynamique du transfert », *op. cit.*, p. 60 ; et « Remémoration, répétition et perlaboration », *op. cit.*, p. 111.
59. Freud (S.), « Remémoration, répétition et perlaboration », *op. cit.*, p. 113.
60. *Ibid.*, p. 112 ; et « La dynamique du transfert », *op. cit.*, p. 60.
61. Freud (S.), « Remémoration, répétition et perlaboration », *op. cit.*, p. 114.
62. Freud (S.), « Observations sur l'amour de transfert », *La Technique psychanalytique, op. cit.*, p. 124-127.
63. Lacan (J.), « La direction de la cure... », *op. cit.*, p. 597.
64. Freud (S.), « Observations sur l'amour de transfert », *op. cit.*, p. 118 et 128.
65. *Ibid.*, p. 124.
66. Freud (S.), « Les voies nouvelles... », *op. cit.*, p. 137. Lacan critique la traduction française en termes de « frustration », car on n'en trouve pas trace

chez Freud – *Versagung* implique plutôt « renonciation » ; cf. « Situation de la psychanalyse... », *op. cit.*, p. 460-461.
67. Freud (S.), « Observations sur l'amour de transfert », *op. cit.*, p. 122.
68. Freud (S.), « Les voies nouvelles... », *op. cit.*, p. 135.
69. *Ibid.*, p. 135-137. Voir aussi, sur ce point du maintien de la souffrance et de désirs inassouvis, p. 103 et 122 *sq.*
70. Freud (S.), « Le début du traitement », *op. cit.*, p. 93.
71. *Ibid.*
72. *Ibid.*, p. 99.
73. Cottet (S.), *Freud et le Désir du psychanalyste*, *op. cit.*, p. 151-153.
74. Cf. Freud (S.), « Observations sur l'amour de transfert », *op. cit.*, p. 130 ; et « Conseils aux médecins... », *op. cit.*, p. 65.

La fiction de la séance, **Horacio Casté**

1. Roazen (P.), *Comment Freud analysait*, Paris, Navarin, 1989.
2. Lynn (D. L.) et Vaillant (G. E.), « Anonymat, neutralité et confidentialité dans la vraie méthode de Freud : recension de 43 cas, 1907-1939 », *The American Journal of Psychiatry*, vol. 1, n° 3, juillet 1998, p. 209.
3. Lacan (J.), *Le Séminaire XI, Les Quatre Concepts fondamentaux de la psychanalyse*, Paris, Éd. du Seuil, 1973, p. 14.
4. Donnet (J.-L.), « Sur l'institution psychanalytique et la durée de la séance », *Nouvelle Revue de psychanalyse*, n° 20, 1979.
5. La question du « contrat » est développée de façon étendue dans Menninger (K. A.) et Holzman (P. S.), *Théorie de la technique psychanalytique*, Buenos Aires, Psique, 1974.
6. Lacan (J.), « De la psychanalyse dans ses rapports avec la réalité », *Scilicet*, n° 1, Paris, Éd. du Seuil, 1968.

Contingence et régularité, **Adriana Testa**

1. Bernfeld (S.), « On Psychoanalytic Training » (10 novembre 1952), *Psychoanalytic Quarterly*, vol. 31, n° 4, New York, p. 453-482.
2. Miller (J.-A.), *Excisión, excomunión, disolución*, Buenos Aires, Manantial, 1987, p. 9-22.
3. Lacan (J.), « Fonction et champ de la parole et du langage en psychanalyse » (1953), *Écrits*, Paris, Éd. du Seuil, 1966.
4. Lacan (J.), *Le Séminaire XI, Les Quatre Concepts fondamentaux de la psychanalyse*, Paris, Éd. du Seuil, 1973, p. 53.
5. *Ibid.*, p. 51-67.
6. Miller (J.-A.), « Despertar », *Matemas I*, Buenos Aires, Manantial, 1987, p. 117-121.

7. *Ibid.*, p. 119.
8. García (G.), *El curso de las pasiones*, 5 août 1999 (inédit).
9. Miller (J.-A.), « El reverso de la transferencia » (mars 1991), *Uno por Uno*, n° 20/21, Buenos Aires, 1991, p. 28.
10. *Ibid.*

Melanie Klein et la technique, Victoria Vicente

1. Grosskurth (Ph.), *Melanie Klein, son monde et son œuvre*, Paris, PUF, 1989 (trad. Céderic Anthony).
2. Freud (S.), « Extrait de l'histoire d'une névrose infantile. (L'Homme aux loups) », *Cinq Psychanalyses*, Paris, PUF, 1988, p. 326.
3. Klein (M.), « Les fondements psychologiques de l'analyse des jeunes enfants », *Essais de psychanalyse*, Paris, Éd. Sciences de l'Homme-Payot, 1998, p. 172.
4. Klein (M.), « Colloque sur l'analyse des enfants », *Essais de psychanalyse*, Paris, Payot, 1980.
5. Klein (M.), « Les fondements psychologiques de l'analyse des jeunes enfants », *op. cit.*
6. Klein (M.), « Colloque sur l'analyse des enfants », *op. cit.*
7. Lacan (J.), *Écrits*, Paris, Éd. du Seuil, 1966, p. 136.
8. Klein (M.), « Les fondements psychologiques de l'analyse des jeunes enfants », *op. cit.*
9. Lacan (J.), *Écrits*, *op. cit.*, p. 697-724.

Un tabou, Carlos Dante García

1. Lacan (J.), « Discours de clôture des Journées sur les psychoses de l'enfant » (1967), *Recherches*, spécial Enfance aliénée, III, 1968, Paris, et *Quarto*, n° 15, 1984.
2. Aznar (E.), « Le cadre : outil psychanalytique ou instrument d'aliénation ? », symposium « Le cadre en psychanalyse », Société psychanalytique de Caracas, 1992.
3. Freud (S.) et Ferenczi (S.), lettre à Ferenczi du 4 janvier 1928, *Correspondance (1920-1933)*, Paris, Calmann-Lévy, 2000, p. 370.
4. IIIe Congrès panaméricain de psychanalyse.
5. Lacan (J.), « Fonction et champ de la parole et du langage en psychanalyse », *Écrits*, Paris, Éd. du Seuil, 1966.
6. *Ibid.*, p. 298.
7. Klein (M.), « Les fondements psychologiques de l'analyse des jeunes enfants », *Essais de psychanalyse*, Paris, Éd. Sciences de l'Homme-Payot, 1998, chap. I.

NOTES

8. Klein (M.), « La technique de l'analyse des jeunes enfants », *La Psychanalyse des enfants*, Paris, PUF, 1959.
9. Klein (M.), *op. cit.*
10. Meltzer (D.), *Le Processus psychanalytique*, Paris, Payot, 1971.
11. Meltzer (D.), « Le cycle du processus dans la séance individuelle », *ibid.*, chap. 7.
12. Millonschick (C. S.), *El psicoanálisis, esa conjetura. El humano suplicio de interpretar*, Buenos Aires, Paidos, 1993.

II. DU CÔTÉ DE L'ANALYSTE

**Présence de l'analyste. Pas sans le corps...,
Christiane Alberti**

1. Lacan (J.), *Le Séminaire I, Les Écrits techniques de Freud*, Paris, Éd. du Seuil, 1975, p. 53.
2. Maurice Bouvet est l'un des représentants les plus importants en France de la doctrine de la relation d'objet. Parfois sans le citer, Lacan commentera à plusieurs reprises les positions de Bouvet sur la situation analytique. En un sens, « Variantes de la cure-type », « La direction de la cure... » peuvent être lus pour partie comme une réponse de Jacques Lacan à ce qu'il baptise « la psychanalyse *dite* d'aujourd'hui » selon Bouvet, et notamment à son manifeste théorique « La clinique psychanalytique. La relation d'objet », paru dans *La Relation d'objet*.
3. Bouvet (M.), *Œuvres psychanalytiques*, I, *La Relation d'objet*, Paris, Payot, 1967 ; II, *Résistances, Transfert*, Paris, Payot, 1968. L'ensemble des travaux de Bouvet sont publiés dans ces deux volumes.
4. Bouvet (M.), « La cure-type » (1954), *Résistances, Transfert, op. cit.*, p. 9-96.
5. Lacan (J.), « La direction de la cure et les principes de son pouvoir », *Écrits*, Paris, Éd. du Seuil, 1966, p. 609.
6. Bouvet (M.), « Importance de l'aspect homosexuel du transfert » (1948), *La Relation d'objet, op. cit.*, p. 21.
7. Lacan (J.), « La direction de la cure... », *op. cit.*, p. 610.
8. *Ibid.*, p. 639-640.
9. Cf. Miller (J.-A.), « Come iniziano le analisi », *La Cause freudienne*, n° 29, où il avance qu'il y a une anorexie impliquée dans la structure transférentielle elle-même : « La règle d'abstinence formule que l'objet en jeu est l'objet rien » (p. 15).
10. Lacan (J.), *Le Séminaire V, Les Formations de l'inconscient*, Paris, Éd. du Seuil, 1998, p. 430.
11. Bouvet (M.), « Incidences thérapeutiques de la prise de conscience de

l'envie de pénis dans la névrose obsessionnelle féminine », (1949), *La Relation d'objet, op. cit.*, p. 50-75.
12. *Ibid.*, p. 49.
13. Lacan (J.), *Le Séminaire V, Les Formations de l'inconscient, op. cit.*, p. 489.
14. Bouvet (M.), « Incidences thérapeutiques... », *op. cit.*, p. 71.
15. Lacan (J.), *Le Séminaire V, Les Formations de l'inconscient, op. cit.*, p. 416.
16. Lacan (J.), « La direction de la cure... », *op. cit.*, p. 615.
17. Miller (J.-A.), *Las formaciones del inconsciente (El Seminario de lectura del Libro V de Jacques Lacan)*, ECFB, 1998.
18. Bouvet (M.), « Incidences thérapeutiques... », *op. cit.*, p. 58.
19. Lacan (J.), *Le Séminaire VIII, Le Transfert*, Paris, Éd. du Seuil, 1991, p. 290.
20. Bouvet (M.), « Incidences thérapeutiques... », *op. cit.*, p. 61.
21. Lacan (J.), *Le Séminaire V, Les Formations de l'inconscient, op. cit.*, p. 471.
22. Miller (J.-A.), « Jacques Lacan et la voix », *Quarto*, n° 54, p. 48-52.
23. Lacan (J.), *Le Séminaire V, Les Formations de l'inconscient, op. cit.*, p. 44.
24. *Ibid.*, p. 52.
25. Miller (J.-A.), « Petite introduction aux pouvoirs de la parole », *La Lettre mensuelle*, n° 142, p. 21-23.

La survivance de l'analyste, Massimo Recalcati

1. J'ai récemment entendu l'exposé d'un cas par un analyste de l'IPA, entièrement construit sur le contenu de deux rêves... de l'analyste, bien sûr !
2. Gaburri (E. B.), *Emozione e Interpretazione*, Turin, Boringhieri, 1997, sur la notion de champ appliquée à la relation analytique.
3. Winnicott (D. W.), « Processus de maturation chez l'enfant », *Les Visées du traitement psychanalytique*, Paris, Payot, 1970, p. 133.
4. Winnicott (D. W.), « L'utilisation de l'objet et le mode de relation à l'objet au travers des identifications », *Jeu et Réalité*, Paris, Gallimard, 1975, p. 121, 128.
5. *Ibid.*, p. 126.
6. *Ibid.*, p. 130.
7. *Ibid.*
8. *Ibid.*, p. 126.
9. Cette modalité du traitement de la voix consistait, selon les indications qui me furent données par mon contrôleur, à arrêter la séance dès que surgissaient les insultes, en lui disant : « Stop ! C'est la voix qui parle, laissez-la ici ! »
10. Winnicott (D. W.), *Jeu et Réalité, op. cit.*, p. 130.

NOTES

11. Lacan (J.), « L'agressivité en psychanalyse », *Écrits*, Paris, Éd. du Seuil, 1966, p. 107.
12. Lacan (J.), *Le Séminaire I, Les Écrits techniques de Freud* (1953-1954), Paris, Éd. du Seuil, 1975, p. 199.
13. Winnicott (D. W.), *Jeu et Réalité, op. cit.*, p. 121.
14. Winnicott (D. W.), « La haine dans le contre-transfert », *De la pédiatrie à la psychanalyse*, Paris, Payot, 1969, p. 75.
15. Freud (S.), « Pourquoi la guerre », *Résultats, Idées, Problèmes*, t. II, Paris, PUF, 1985, p. 211.

Présence d'un désir, Graciela Esperanza

1. Lacan (J.), « Conférence à Genève sur le symptôme » (1975), *Bloc-Notes de la psychanalyse*, n° 5, Genève, 1985.
2. Miller (J.-A.), *Logicas de la vida amorosa*, Buenos Aires, Manantial, 1991.
3. Lacan (J.), « De la psychanalyse dans ses rapports à la réalité », *Scilicet*, n° 1, Paris, Éd. du Seuil, 1968.
4. *Ibid.*
5. *Ibid.*
6. Miller (J.-A.), « Donc » (1993-1994), séance VI, cours *L'Orientation lacanienne* (inédit).
7. Miller (J.-A.), « Come iniziano le analisi », *La Cause freudienne*, n° 29.
8. *Ibid.*
9. Miller (J.-A.), « Donc » (1993-1994), séance VII, *op. cit.*
10. Lacan (J.), « Peut-être à Vincennes », *Ornicar?*, n° 1, p. 3.
11. Miller (J.-A.), *El hueso de un análisis*, Buenos Aires, Tres Haches, 1998, p. 21.
12. *Ibid.*
13. Aramburu (J.), « La interpretación que no interpreta », *El Caldero de la Escuela*, n° 47.
14. García (G. L.), « Fijaciones y resonancias », *La logica de la cura*, Buenos Aires, EOL, 1993.
15. *Ibid.*
16. Lacan (J.), Le Séminaire XXIV (inédit), leçon du 14 décembre 1976.
17. Lacan (J.), Le Séminaire XII (inédit), leçon du 3 février 1965.
18. Lacan (J.), « Lituraterre », *Ornicar?*, n° 41, Paris, Navarin, 1987, p. 8.
19. Miller (J.-A.), « Donc » (1993-1994), séance IV, *op. cit.*
20. Miller (J.-A.), *Los signos del goce*, Buenos Aires, Paidos, 1998, p. 102.

NOTES

Le désir de l'analyste, Guillermo Cavallero

1. Delgado (O.), « Recherche autour de la XIᵉ Rencontre » (inédit).
2. Lacan (J.), *Le Séminaire XI, Les Quatre Concepts fondamentaux de la psychanalyse*, Paris, Éd. du Seuil, 1973, p. 244.
3. Lacan (J.), Le Séminaire XXIV (inédit), leçon du 16 novembre 1976.
4. Lacan (J.), *Le Séminaire XI, Les Quatre Concepts fondamentaux de la psychanalyse*, op. cit., p. 245.
5. Katz (L.), « Recherche autour de la XIᵉ Rencontre » (inédit).
6. Aramburu (J.), « Le désir de l'analyste et la pulsion », *Escansion*, nouvelle série, n° 3, Buenos Aires, Manantial, 1990, p. 32.
7. Lacan (J.), « Fonction et champ de la parole et du langage en psychanalyse », *Écrits*, Paris, Éd. du Seuil, 1966, p. 252.
8. Cavallero (G.), « Le temps de la séance est le désir de l'analyste », *Une pratique en acte*, Buenos Aires, Aluel, 1995, p. 312.
9. Miller (J.-A.), « L'expérience du réel dans la cure analytique », *El Caldero de la Escuela*, n° 68, p. 11.
10. Lacan (J.), Le Séminaire XIV (inédit), leçon du 19 avril 1977.
11. *Ibid.*
12. *Ibid.*
13. Miller (J.-A.), « L'expérience du réel… », *op. cit.*, p. 15.
14. Lacan (J.), Le Séminaire XXII (inédit).
15. Lacan (J.), Le Séminaire XXV (inédit), leçon du 15 novembre 1977.
16. *Ibid.*, leçon du 20 décembre 1977.
17. Laurent (E.), conférence à l'EOL le 22 septembre 1999.
18. Miller (J.-A.), *L'Os d'une analyse*, Buenos Aires, Tres Haches, 1998, p. 24.
19. Miller (J.-A.), « L'expérience du réel… », *op. cit.*, p. 16.

L'espace d'un battement, Sergio Laïa

1. Lacan (J.), *Le Séminaire I, Les Écrits techniques de Freud* (1953-1954), texte établi par Jacques-Alain Miller, Paris, Éd. du Seuil, 1975, p. 40.
2. *Ibid.*
3. *Ibid.*, p. 40-43. Pour l'article d'Annie Reich (« On Counter-transference »), que Lacan cite comme source de l'exemple clinique qu'il commente dans la troisième séance du *Séminaire I*, cf. *The International Journal of Psycho-analysis*, vol. XXXII, Londres-New York, 1951, p. 31. Pour l'article de Margaret Little (« Counter-transference and the Patient's Response to It »), où se trouve, en fait, l'exemple commenté par Lacan, voir les pages 32 à 40 du même volume de *The International Journal of Psycho-analysis*.

NOTES

4. *Ibid.*, p. 42.
5. *Ibid.*
6. *Ibid.*, p. 225-258. L'expression *two bodies psychology*, Balint la tire de John Rickman. Cf. Balint (M.), « Changing in Therapeutical and Techniques in Psycho-analysis », *The International Journal of Psycho-analysis*, vol. XXXI, Londres-New York, 1950, p. 123-124.
7. Pour la réitération de la relation mère-enfant ou du complexe d'Œdipe lui-même dans la séance analytique, cf. « Early Developmental States of the Ego. Primary Object Love », *The International Journal of Psycho-analysis*, vol. XXX, Londres-New York, 1949, p. 265-273 ; Balint (A.), « Love for the Mother and Mother-love », *ibid.*, p. 251-259. Pour la notion de « page blanche » (surface passive), cf. Balint (M.), « Le transfert des émotions » (1933), *Amour primaire et Technique psychanalytique*, Paris, Payot, 1972 (trad. J. Dupont, R. Gelly et S. Kadar), p. 190-203.
8. Lacan (J.), « Fonction et champ de la parole et du langage en psychanalyse » (1953), *Écrits*, Paris, Éd. du Seuil, 1966, p. 251.
9. Miller (J.-A.), *Matemas I*, Rio de Janeiro, Zahar, 1996, p. 73-89.
10. Lacan (J.), « La direction de la cure et les principes de son pouvoir » (1958), *Écrits, op. cit.*, p. 587.
11. Cf. Lacan (J.), « Proposition du 9 octobre 1967 sur le psychanalyste de l'École freudienne de Paris », *Scilicet*, n° 1, Paris, Éd. du Seuil, 1968, p. 18-20.
12. Miller (J.-A.), séminaire « Éléments de biologie lacanienne », Belo Horizonte, du 22 au 24 avril 1999 (à paraître).
13. *Ibid.*
14. Question posée à Jacques-Alain Miller lors d'une des conférences du séminaire « Éléments de biologie lacanienne ».
15. Miller (J.-A.), « L'expérience du réel dans la cure analytique », Paris, 24 mars 1999 (séminaire inédit).
16. Lacan (J.), *Le Séminaire XI, Les Quatre Concepts fondamentaux de la psychanalyse* (1964), texte établi par Jacques-Alain Miller, Paris, Éd. du Seuil, 1973, p. 119.
17. Cf. Lacan (J.), *Le Séminaire XVII, L'Envers de la psychanalyse* (1969-1970), texte établi par Jacques-Alain Miller, Paris, Éd. du Seuil, 1991, p. 43-59, 74.
18. Miller (J.-A.), « L'expérience du réel... » (1998-1999), séance du 7 avril 1999, cours *L'Orientation lacanienne* (inédit).

Le temps proprement dit, Sergio Larriera

1. Lacan (J.), « La troisième », *Lettre de l'École freudienne de Paris*, n° 16, 1975, p. 182.
2. Lacan (J.), « L'étourdit », *Scilicet*, n° 4, Paris, Éd. du Seuil, 1973, p. 8.
3. Lacan (J.), *Écrits*, Paris, Éd. du Seuil, 1966, p. 300.

NOTES

4. Lacan (J.), Le Séminaire XXI, « Les non-dupes errent » (inédit), séance du 11 décembre 1973.
5. Lacan (J.), Le Séminaire XXIII, « Le sinthome ».

III. STRATÉGIE, TACTIQUE ET POLITIQUE DANS LA CURE

Au fil des séances, **Jacqueline Dhéret**

1. Freud (S.), « Formulation sur les deux principes de l'activité psychique » (1911), *Résultats, Idées, Problèmes* (1890-1920), t. I, Paris, PUF, 1984.
2. Freud (S.), « Remémoration, répétition et perlaboration » (1914), *La Technique psychanalytique*, Paris, PUF, 1953.
3. Freud (S.), « Conseils aux médecins sur le traitement analytique » (1912), *La Technique psychanalytique, op. cit.*
4. Miller (J.-A.), *La Conversation d'Arcachon*, Paris, Agalma-Éd. du Seuil, coll. « Le Paon », 1997, p. 176.
5. Lacan (J.), Le Séminaire XIV (inédit), leçon du 21 juin 1967.

La séance analytique comme symptôme,
Ram Avraham Mandil

1. Miller (J.-A.), « Introduction à l'impossible-à-supporter. Des modalités du rejet », *La Lettre mensuelle*, n° 106, Paris, 1992, p. 16.
2. Freud (S.) « La dynamique du transfert », *La Technique psychanalytique*, Paris, PUF, 1994, p. 60.
3. Freud (S.), « Observations sur l'amour de transfert », *La Technique psychanalytique, op. cit.*
4. Miller (J.-A.), « Les contre-indications au traitement psychanalytique », *Mental*, n° 5, juillet 1998, p. 9-17.
5. Miller (J.-A.), « Sur *Die Wege der Symptombildung* », *Freudiana*, n° 19, Barcelone, 1997, p. 7-56.
6. Dans le Séminaire « Le sinthome », Lacan cite cette anecdote extraite de la biographie de Richard Ellman : interrogé sur le tableau d'une ville dans un paysage, James Joyce répond qu'il s'agit de Cork, la ville natale de son père. L'interlocuteur précise que sa question porte sur la matière dont est fait le cadre, à quoi Joyce répond à nouveau : *cork* (« liège », en anglais).
7. Miller (J.-A.), « Vers le corps portable », *Libération*, 3 juillet 1999 ; URL : http://www.liberation.com/objets2000/divan2.html.

NOTES

Du nouveau, Daniel Roy

1. Lacan (J.), *Télévision*, Paris, Éd. du Seuil, 1974, p. 49.
2. *Ibid.*, p. 50.
3. Lacan (J.), *Le Séminaire XI, Les Quatre Concepts fondamentaux de la psychanalyse*, Paris, Éd. du Seuil, 1973, p. 27.
4. *Ibid.*, p. 133.
5. *Ibid.*, p. 138.
6. *Ibid.*, p. 59.
7. Lacan (J.), *Le Séminaire XVII, L'Envers de la psychanalyse*, Paris, Éd. du Seuil, 1991, p. 51.
8. *Ibid.*, p. 56.
9. *Ibid.*, p. 55.
10. Lacan (J.), *Le Séminaire XI, Les Quatre Concepts fondamentaux de la psychanalyse*, op. cit., p. 163.

D'un objet visé, Cristina Drummond

1. Lacan (J.), *Le Séminaire XI, Les Quatre Concepts fondamentaux de la psychanalyse*, Paris, Éd. du Seuil, 1973, p. 72.
2. Proverbe que l'on pourrait traduire par : « Qui sait parler peut aller à Rome. »
3. *Barbeiro* : coiffeur, chauffard, sorte de punaise. Cette sorte de punaise transmet par ses déjections la maladie de Chaga. Cette maladie provoque une inflammation de la peau au point d'inoculation ou de l'œil avec œdème des paupières. Les traitements ne sont pas toujours efficaces. Cette maladie a pour effet, entre autres, de détruire le myocarde. Elle atteint surtout l'enfant.
4. *Percevejo* : terme général pour la punaise (insecte).

La boussole du réel, Christine Le Boulengé

1. Cité et commenté par Jacques Lacan le 6 janvier 1972 lors des entretiens de Sainte-Anne sur « Le savoir du psychanalyste ».
2. Lacan (J.), « RSI », *Ornicar ?*, n° 4, 1975, p. 106.
3. Lacan (J.), Le Séminaire XII, « Problèmes cruciaux pour la psychanalyse », leçon du 5 mai 1965 (inédit).
4. Miller (J.-A.), « L'oubli de l'interprétation », *La Lettre mensuelle*, n° 144, décembre 1995, p. 2. Voir aussi « L'interprétation à l'envers », *La Cause freudienne*, n° 32, février 1996.
5. *Ibid.*

6. Lacan (J.), « Conclusions au Congrès de l'EFP sur la transmission », *Lettres de l'EFP*, n° 25, p. 219-220.
7. Guéguen (P.-G.), « Les femmes et le symptôme : le cas des postfreudiennes », *Le Symptôme-charlatan*, Paris, Éd. du Seuil, coll. « Champ Freudien », 1998, p. 129.
8. Lacan (J.), « Radiophonie », *Scilicet*, n° 2/3, Paris, Éd. du Seuil, 1970, p. 67-72, commenté par J.-A. Miller (cité par Ph. Hellebois, « L'huître et le maquereau », *La Lettre mensuelle*, n° 177, avril-mai 1999, p. 50-52).
9. Lacan (J.), *Télévision*, Paris, Éd. du Seuil, 1974, p. 40-41.
10. Lacan (J.), « Le sinthome », leçon du 16 mars 1976, *Ornicar?*, n° 9, p. 33.
11. Lacan (J.), *Télévision, op. cit.*, p. 61-62.
12. *Ibid.*
13. Lacan (J.), « Intervention au Congrès de l'EFP » (14 juin 1975), *Lettres de l'EFP*, n° 24, p. 22-24.
14. Lacan (J.), *Télévision, op. cit.*, p. 22.
15. Lacan (J.), « Proposition sur le psychanalyste de l'École », *Scilicet*, n° 1, Paris, Éd. du Seuil, 1968, p. 20.
16. *Ibid.*, p. 21.
17. Lacan (J.), « La direction de la cure et les principes de son pouvoir », *Écrits*, Paris, Éd. du Seuil, 1966, p. 587.

Rendez-vous et psychose, Roger Cassin

1. Jones (E.), *La Vie et l'Œuvre de Freud*, t. II, Paris, PUF, 1961 (trad A. Berman).
2. Freud (S.), « Conseils aux médecins pour le traitement psychanalytique », *GW*, t. VIII, p. 176, cité par Lacan : « […] cette technique n'a été obtenue que comme étant la seule appropriée pour ma personnalité ; je ne me hasarderais pas à contester qu'une personnalité médicale constituée tout autrement pût être amenée à préférer des dispositions autres à l'endroit des malades et du problème à résoudre » (*Écrits*, Paris, Éd. du Seuil, 1966, p. 362).
3. Lacan (J.), *Écrits, op. cit.*, p. 844.
4. Freud (S.), « Note sur le "Bloc-notes magique" » (1925), *Résultats, Idées, Problèmes*, t. II, Paris, PUF, 1985 : « […] La discontinuité du flux d'innervation […] Je supposais en outre que ce mode de travail discontinu du système Pc-Cs est au fondement de l'apparition de la représentation du temps […]. »
5. Lacan (J.), *Écrits, op. cit.*, p. 844.
6. Pellion (F.), « Malaise dans la civilisation », *Mental*, n° 3, Bruxelles, 1997. Le « cadre » promu par les analystes de l'IPA est présenté comme « un avatar particulier de la singulière question métaphysique que certains de leurs concitoyens tentent de transférer à l'hypothèse invérifiable d'une réalité commune, et que Lacan tranchait de son sec "il n'y a pas d'Autre de l'Autre" ».
7. Bergeret (J.), *La Dépression et les États limites*, Paris, Payot, 1975, p. 299.

Les aménagements techniques pour les cures des « *borderline* [...] ne sauraient porter ni sur les principes généraux ni sur le protocole de la cure, ni sur la règle fondamentale, ni sur aucun détail manifeste ». Et Kernberg (O. F.) *et al.*, *La Thérapie psychodynamique des états limites*, Paris, PUF, 1995. Le « cadre » devient pour des auteurs comme O. Kernberg le moteur et la condition de la « thérapie psychodynamique des états limites ».
    8. Gault (J.-L.), « Deux statuts du symptôme », *La Cause freudienne*, n° 38.
    9. Lacan (J.), *Écrits, op. cit.*, p. 576.
    10. Kernberg (O. F.) *et al.*, *La Thérapie psychodynamique des états limites, op. cit.*
    11. Miller (J.-A.), *Le Conciliabule d'Angers*, Paris, Agalma-Éd. du Seuil, coll. « Le Paon », 1997.

La séance, c'est la coupure même,
Catherine Bonningue

    1. Miller (J.-A.), « L'interprétation à l'envers » (1995), *La Cause freudienne*, n° 32, 1996, p. 9-13.
    2. Miller (J.-A.), « La fuite du sens », *L'Orientation lacanienne 2, 14* (1995-1996), Département de Psychanalyse de Paris VIII (publié en partie).
    3. Miller (J.-A.), en collaboration avec Laurent (E.), *L'Autre qui n'existe pas et ses comités d'éthique* (1996-1997), séminaire de la Section clinique de Paris VIII (publié en partie).
    4. Miller (J.-A.), *L'Orientation lacanienne 2, 15* (1997-1998), Département de Psychanalyse de Paris VIII (publié en partie).
    5. Miller (J.-A.), *L'Orientation lacanienne 3, 1* (1998-1999), Département de Psychanalyse de Paris VIII (publié en partie).
    6. Miller (J.-A.), « L'interprétation à l'envers », *op. cit.*, p. 12-13.
    7. Miller (J.-A.), « Du symptôme au fantasme, et retour » (1982-1983), *L'Orientation lacanienne 2, 2*, Département de Psychanalyse de Paris VIII, 10 novembre 1982, 8 décembre 1982, 2 février 1983.
    8. *Ibid.*, 2 février 1983.
    9. Miller (J.-A.), « Donc » (1993-1994), *L'Orientation lacanienne 2, 12*, Département de Psychanalyse de Paris VIII, 5 mars 1994 ; Miller y fait référence à Jacques Lacan dans « Fonction et champ de la parole et du langage… ».
    10. Miller (J.-A.), « Silet » (1994-1995), *L'Orientation lacanienne 2, 13*, Département de Psychanalyse de Paris VIII, 30 novembre 1994.
    11. *Ibid.*, 7 décembre 1994.
    12. Miller (J.-A.), « La fuite du sens », *op. cit.*, 22 novembre 1995.
    13. Miller (J.-A.), « L'inanité sonore », « La fuite du sens » (1995-1996), 13 décembre 1995, *Letterina Archives*, n° 4, Publication de l'ACF-Normandie, 1996, p. 16.
    14. Miller (J.-A.), « Nous sommes tous ventriloques », « La fuite du sens »

(1995-1996), 20 mars 1996, *Filum*, n° 8/9, Publication de l'ACF-Dijon, 1996, p. 18.
    15. Miller (J.-A.), *L'Orientation lacanienne 2, 15*, *op. cit.*, 3 décembre 1997.
    16. Miller (J.-A.), *L'Orientation lacanienne 3, 1*, *op. cit.*, 13 janvier 1999.
    17. Miller (J.-A.), « Les contre-indications au traitement psychanalytique » (1997), *Mental*, n° 5, École européenne de psychanalyse, Bruxelles, 1998.

Décision d'une entrée, Silvia Baudini

    1. Freud (S.), « Le début du traitement », *La Technique psychanalytique*, Paris, PUF, 1953, p. 81.
    2. Freud (S.), *Abrégé de psychanalyse*, Paris, PUF, 1949 (revue et corrigée par Jean Laplanche, 1975), p. 41-43.
    3. Rosenfeld (D.), *Estados psicoticos*, Buenos Aires, Hormè-Paidos, 1974, p. 12.
    4. *Ibid.*, p. 63.
    5. Lacan (J.), « Conférence à l'université de Yale du 24 novembre 1975 », *Scilicet*, n° 6/7, 1976, p. 16 : « La psychose est une sorte de faillite en ce qui concerne l'accomplissement de ce qui est appelé "amour". »
    6. Freud (S.), « Remarques psychanalytiques sur l'autobiographie d'un cas de paranoïa », *Cinq Psychanalyses*, Paris, PUF, 1954, p. 289.
    7. Lacan (J.), « D'une question préliminaire à tout traitement possible de la psychose », *Écrits*, Paris, Éd. du Seuil, 1966, p. 583.
    8. Miller (J.-A.), « Ironía », *Uno por Uno*, n° 34, Barcelone, Eolia, p. 6.
    9. Silvestre (M.), « Transferencia e interpretación en las psicosis : una cuestión de tecnica », *Psicosis y Psicoanálisis*, Buenos Aires, Manantial, 1993, p. 37.
    10. Laurent (E.), *Los inclasificables de la clínica psicoanalítica*, Buenos Aires, ICBA-Paidos, 1999, p. 342.

De la « séance nécessaire » à la contingence, Bruno de Halleux

    1. Miller (J.-A.), « Produire le sujet ? », *La Clinique psychanalytique des psychoses*, Actes de l'École de la Cause freudienne, Montpellier, 1983, p. 50.
    2. *Ibid.*, p. 51.
    3. Miller (J.-A.), « Montré à Prémontré. Intervention de clôture du colloque de la Section clinique », *Analytica*, n° 37, Paris, Navarin, 1984, p. 27-31.
    4. Lacan (J.), « La direction de la cure et les principes de son pouvoir », *Écrits*, Paris, Éd. du Seuil, 1966, p. 589.
    5. Il s'agit de l'Antenne 110, où chacun, au-delà de sa fonction professionnelle ou institutionnelle, se prête à se faire partenaire. Plus simplement, quel

NOTES

que soit notre diplôme, nous travaillons auprès des enfants avec le statut d'éducateur.
6. Miller (J.-A.), « Produire le sujet ? », *op. cit.*, p. 50.
7. *Ibid.*, p. 52.
8. Miller (J.-A.), « L'expérience du réel dans la cure analytique », cours du 9 décembre 1998 (inédit).
9. Laurent (E.), « Réflexions sur l'autisme », *Bulletin du Groupe de la Petite Enfance*, n° 10, 1997, p. 43.
10. Miller (J.-A.), « L'expérience du réel dans la cure analytique », cours du 13 janvier 1999.
11. Laurent (E.), « Réflexions sur l'autisme », *op. cit.*, p. 42.
12. Lacan (J.), « Conférence à Genève sur le symptôme », *Le Bloc-notes de la psychanalyse*, n° 5, 1985, p. 17.
13. Miller (J.-A.), « L'expérience du réel dans la cure analytique », cours du 27 janvier 1999.
14. Di Ciaccia (A.), « Il y a 25 ans », *Préliminaire*, n° 11, 1999, p. 5-9.
15. Miller (J.-A.), « L'expérience du réel dans la cure analytique », cours du 13 janvier 1999.
16. *Ibid.*, cours du 27 janvier 1999.
17. *Ibid.*, cours du 10 mars 1999.
18. *Ibid.*
19. *Ibid.*, cours du 13 janvier 1999.
20. *Ibid.*
21. *Ibid.*, cours du 31 mars 1999.

IV. FINS DE SÉRIE

C'était la dernière séance..., Patrick Monribot

1. Mitchell (E.), *La Dernière Séance*, Paris, 1977.
2. Merlet (A.), « Trinch », *Débat du Conseil de l'ECF*, n° 14, octobre 1998.
3. Miller (J.-A.), « Le partenaire symptôme », cours 1997-1998 (mai 1998, inédit).
4. Conversation de Bordeaux (mai 1998), avec J.-A. Miller, délégué général de l'AMP, et Guy Briole, président de l'ECF.
5. Morel (G.), « Comment le désir vient aux analystes », *La Passe et le Réel*, Paris, Agalma-Éd. du Seuil, coll. « Le Paon », 1998, p. 27.
6. Lacan (J.), « Lituraterre » (1971), *Ornicar ?*, n° 41, 1987, p. 8.
7. Lacan (J.), Le Séminaire XXI, « Les non-dupes errent » (inédit), leçon du 19 avril 1974.
8. *Ibid.*

NOTES

Séance d'une vie, Virginio Baïo

1. Lacan (J.), « Fonction et champ de la parole et du langage en psychanalyse », *Écrits*, Paris, Éd. du Seuil, 1966, p. 246.
2. Lacan (J.), *Le Séminaire III, Les Psychoses*, Paris, Éd. du Seuil, 1981, p. 28.
3. Miller (J.-A.), « L'expérience du réel dans la cure analytique », cours du 13 janvier 1999 (inédit).
4. *Ibid.*
5. Lacan (J.), « Conférences et entretiens dans des universités nord-américaines », *Scilicet*, n° 6/7, Paris, Éd. du Seuil, 1976, p. 50.
6. Lacan (J.), « La logique du fantasme. Comptes rendus d'enseignement », *Ornicar?*, n° 29, p. 16.
7. Miller (J.-A.), « L'expérience du réel dans la cure analytique », *op. cit.*
8. *Ibid.*
9. Miller (J.-A.), « L'expérience du réel dans la cure analytique », *op. cit.*, cours du 27 janvier 1999.
10. *Ibid.*, cours du 13 janvier 1999.
11. *Ibid.*
12. Laurent (E.), « In che modo la fine dell'analisi si deduce dall'entrata », *La psicoanalisi*, n° 16, p. 46-82 ; Laurent y fait référence à la lecture de Jacques-Alain Miller.
13. Lacan (J.), « Le sinthome », *Ornicar?*, n° 10, p. 11.
14. Miller (J.-A.), « C. S. T. », *Ornicar?*, n° 29, p. 143.
15. *Ibid.*, p. 144.
16. Miller (J.-A.), « L'interprétation à l'envers », *La Cause freudienne*, n° 32, p. 9-13.
17. Miller (J.-A.), « L'identité freudienne de la psychanalyse », *Préliminaire*, n° 4, p. 55.
18. *Ibid.*, p. 54.

Bibliographie générale

Freud

Freud (S.) et Breuer (J.), « Fräulein Lucy R. », *Études sur l'hystérie* (1895), traduit de l'allemand par A. Berman, Paris, PUF, 1956, p. 83-97.
L'Interprétation des rêves (1899), traduit de l'allemand par I. Meyerson, révisée par D. Berger, Paris, PUF, 1967 : « La déformation dans le rêve », p. 123-147 ; « Matériel et sources du rêve », partie II, « Le matériel d'origine infantile, source du rêve », p. 168-178 ; « Des rêves typiques », p. 210-240 ; « Le travail du rêve », partie III, « Les procédés de figuration du rêve », p. 267-291 ; « L'élaboration secondaire ».
Psychopathologie de la vie quotidienne (1901), traduit de l'allemand par le Dr S. Jankélévitch, Paris, Payot (PBP, n° 97), 1984 : « Le lapsus », p. 61-114 ; « Actes symptomatiques et accidentels », p. 205-232.
L'Homme aux rats. Journal d'une analyse (1909), texte reproduit, établi, introduit, traduit, annoté et commenté par E. Ribeiro Halwelka, Paris, PUF, 1974.
« Un rêve utilisé comme preuve » (1913), *Névrose, Psychose et Perversion*, traduit de l'allemand sous la direction de J. Laplanche, Paris, PUF, 1973, p. 199-208.
Sur l'histoire du mouvement psychanalytique (1914), Paris, Gallimard, 1991, p. 21-32.
La Technique psychanalytique, traduit de l'allemand par A. Berman, Paris, PUF (6e éd., 1977) : « La méthode psychanalytique de Freud » (1904), p. 3-5, 8 ; « De la psychothérapie » (1905), p. 12, 15 ; « Perspectives d'avenir de la thérapeutique analytique » (1910), p. 27 ; « À propos de la psychanalyse dite "sauvage" » (1910), p. 41 ; « Le maniement de l'interprétation des rêves en psychanalyse » (1912), p. 44, 45, 48-49 ; « La dynamique du transfert » (1912), p. 60 ; « Conseils aux médecins sur le traitement analytique » (1912), p. 61, 62, 65, 66, 67, 71 ; « Le début du

traitement » (1913), p. 80, 81, 93, 96, 99 ; « Remémoration, répétition et perlaboration » (1914), p. 106, 111, 112, 113, 114, 115 ; « Observations sur l'amour de transfert » (1915), p. 118, 122, 124, 127, 128, 130.

Résultats, Idées, Problèmes (1890-1920), t. I, traduit de l'allemand sous la direction de J. Laplanche et P. Cotet, Paris, PUF, 1984 : « Formulation sur les deux principes de l'activité psychique » (1911) ; « Sur la préhistoire de la technique analytique » (1920), p. 257-258.

« Note sur le "Bloc-notes magique" » (1925), *Résultats, Idées, Problèmes* (1921-1938), t. II, traduit par J. Altounian, A. Bourguignon, P. Cotet et A. Rauzy, Paris, PUF, 1985.

Sigmund Freud présenté par lui-même (1925), traduit de l'allemand par F. Cambon, Paris, Gallimard, 1984, p. 72.

La Question de l'analyse profane (1926), Paris, Gallimard, 1985, p. 85-103.

Cinq Psychanalyses, traduit de l'allemand par M. Bonaparte et R. M. Lœwenstein, Paris, PUF, 1954 : « Fragment d'une analyse d'hystérie. (Dora) » (1901), partie I, « L'état morbide », p. 7-75 ; partie II, « Le premier rêve », p. 46-69, « Le second rêve », p. 69-83 ; « Remarques sur un cas de névrose obsessionnelle. (L'Homme aux rats) » (1907-1908), partie I, « Introduction à l'intelligence de la cure », p. 211-220 ; « Analyse d'une phobie chez un petit garçon de 5 ans. (Le petit Hans) » (1909) ; « Remarques biographiques sur l'autobiographie d'un cas de paranoïa : *Dementia Paranoides*. (Le Président Schreber) » (1911), p. 289 ; « Extrait de l'histoire d'une névrose infantile. (L'Homme aux loups) » (1918), p. 326 (chapitre IV, « Le rêve et la scène primitive », p. 342-357).

Résultats, Idées, Problèmes (1921-1938), t. II, traduit par J. Altounian, A. Bourguignon, P. Cotet et A. Rauzy, Paris, PUF, 1985 : « Petit abrégé de psychanalyse », p. 102, 103 ; « Les voies nouvelles de la technique psychanalytique », p. 131, 135-137 ; « Rêve et télépathie », p. 25-48 ; « L'analyse avec fin et l'analyse sans fin », p. 231-267 ; « Pourquoi la guerre », p. 203-215.

Freud (S.) et Ferenczi (S.), « Lettre du 4/01/1928 », *Correspondance* (1920-1933), t. III, traduit par le Groupe de traduction du *Coq-Héron*, sous la direction de J. Dupont, Paris, Calmann-Lévy, 2000.

« XXXe Conférence. Le rêve et l'occultisme », *Nouvelles Conférences d'introduction à la psychanalyse* (1933), traduit de l'allemand par R.-M. Zeitlin, Paris, Gallimard, 1984, p. 45-79.

Abrégé de psychanalyse, Paris, PUF, 1949 (revue et corrigée par Jean Laplanche, 1975), p. 41-43.

BIBLIOGRAPHIE GÉNÉRALE

Lacan

Écrits, Paris, Éditions du Seuil, 1966

1948	« L'agressivité en psychanalyse ».
1950	« Introduction théorique aux fonctions de la psychanalyse en criminologie ».
1953	« Fonction et champ de la parole et du langage en psychanalyse ».
1955	« Variantes de la cure-type ».
1956	« Situation de la psychanalyse et formation du psychanalyste en 1956 ».
1957	« D'une question préliminaire à tout traitement possible de la psychose ».
1958	« La direction de la cure et les principes de son pouvoir ».
1959	« À la mémoire d'Ernest Jones. Sur la théorie du symbolisme ».
1960	« Subversion du sujet et dialectique du désir dans l'inconscient freudien ».
1964	« Position de l'inconscient ».

Le Séminaire, texte établi par Jacques-Alain Miller et publié dans la collection « Champ Freudien » aux Éditions du Seuil

1953-54	*Le Séminaire I, Les Écrits techniques de Freud*, 1975, p. 14-16, 22, 24, 40-43, 53, 199, 225-258.
1955-56	*Le Séminaire III, Les Psychoses*, 1981, p. 28.
1957-58	*Le Séminaire V, Les Formations de l'inconscient*, 1998, p. 44, 52, 416, 430, 471, 489.
1960-61	*Le Séminaire VIII, Le Transfert*, 1991, p. 290.
1964	*Le Séminaire XI, Les Quatre Concepts fondamentaux de la psychanalyse*, p. 14, 27, 51-57, 59, 119, 133, 138, 163, 244, 245.
1969-70	*Le Séminaire XVII, L'Envers de la psychanalyse*, 1991, p. 43-59, 74.
1972-73	*Le Séminaire XX, Encore*, 1975, p. 15, 116.

Le Séminaire, texte établi par Jacques-Alain Miller ; leçons publiées dans la revue du Champ Freudien *Ornicar?* chez Lyse et Navarin

1974-75	Le Séminaire XXII, « RSI », leçon du 18 février 1975, n° 4, 1975, p. 106.
1975-76	Le Séminaire XXIII, « Le sinthome », n° 9, p. 33 ; n° 10, p. 11.

BIBLIOGRAPHIE GÉNÉRALE

Les Séminaires inédits

1964-65   Le Séminaire XII, « Problèmes cruciaux pour la psychanalyse », leçon du 3 février 1965.
1966-67   Le Séminaire XIV, « La logique du fantasme », leçon du 21 juin 1967.
1970-71   Le Séminaire XVIII, « D'un discours qui ne serait pas du semblant », leçon du 3 mars 1971.
1973-74   Le Séminaire XXI, « Les non-dupes errent », leçons des 11 décembre 1973 et 19 avril 1974.
1976-77   Le Séminaire XXIV, « L'insu que sait de l'une-bévue s'aile à mourre », leçons des 16 novembre et 14 décembre 1976, 19 avril 1977.
1977-78   Le Séminaire XXV, « Le moment de conclure », leçons des 15 novembre et 20 décembre 1977.

Autres textes

1966   « Présentation des *Mémoires* du Président Schreber », *Cahiers pour l'analyse*, n° 5, revue du Cercle d'épistémologie de l'ENS, Paris, Le Graphe, 1966; puis publication dans *Ornicar?*, n° 38, automne 1986, Paris, Navarin, p. 5-9.
1967   « Discours de clôture des Journées sur les psychoses de l'enfant », *Recherches*, spécial Enfance aliénée, III, Paris, 1968, et *Quarto*, n° 15, 1984.
1967   « Proposition du 9 octobre 1967 sur le psychanalyste de l'École », *Scilicet*, n° 1, Paris, Éd. du Seuil, 1968, p. 18-21.
1967   « De la psychanalyse dans ses rapports avec la réalité », *Scilicet*, n° 1, Paris, Éd. du Seuil, 1968.
1969   « Comptes rendus d'enseignement », *Ornicar?*, n° 29, Paris, Navarin, 1984, p. 16.
1970   « Radiophonie », *Scilicet*, n° 2/3, Paris, Éd. du Seuil, 1970, p. 67-72.
1970   « Le savoir du psychanalyste », Leçons de Sainte-Anne, leçons des 2 décembre 1971 et 6 janvier 1972 (inédit).
1971   « Lituraterre » (paru pour la première fois dans la revue *Littérature*, 3, 1971), *Ornicar?*, n° 41, Paris, Navarin, 1987, p. 8.
1973   « L'étourdit », *Scilicet*, n° 4, Paris, Éd. du Seuil, 1973, p. 8.
1973   *Télévision*, Paris, Éd. du Seuil, 1973, p. 22, 40, 41, 49, 50, 61, 62.
1975   « Conférence à Genève sur le symptôme », *Le Bloc-notes de la psychanalyse*, n° 5, Genève, 1985, p. 17.

BIBLIOGRAPHIE GÉNÉRALE

1975 « Conférences et entretiens dans des universités nord-américaines », *Scilicet*, n° 6/7, Paris, Éd. du Seuil, 1976, p. 48, 50.
1975 « Peut-être à Vincennes », *Ornicar?*, n° 1, Paris, Lyse, janvier 1975.
1975 « La troisième », *Lettre de l'École freudienne de Paris*, n° 16, p. 182.
1975 « Intervention au Congrès de l'EFP » (14/06/1975), *Lettres de l'EFP*, n° 24, juillet 1978, p. 22-24.
1978 « Conclusions au Congrès de l'EFP sur la transmission », *Lettres de l'EFP*, n° 25, II, juin 1979, p. 219-220.

Champ Freudien

Aramburu (J.), « La interpretación que no interpreta », *El Caldero de la Escuela*, n° 47.
Aramburu (J.), « Le désir de l'analyste et la pulsion », *Escansión*, nouvelle série, n° 3, Buenos Aires, Manantial, 1990, p. 32.
Cavallero (G.), « Le temps de la séance est le désir de l'analyste », *Une pratique en acte*, Buenos Aires, Aluel, 1995, p. 312.
Collectif, *La Passe et le Réel*, Paris, Agalma-Éd. du Seuil, coll. « Le Paon », 1998.
Cottet (S.), *Freud et le Désir du psychanalyste*, Paris, Éd. du Seuil, 1996, p. 22.
Delgado (O.), « Investigación en torno al XI Encuentro » (inédit).
Di Ciaccia (A.), « Il y a 25 ans », *Préliminaire*, n° 11, 1999, p. 5-9.
García (G. L.), « Fijaciones y resonancia », *La lógica de la cura*, Buenos Aires, EOL, 1993.
García (G.), *El curso de las pasiones*, 5 août 1999 (inédit).
Gault (J.-L.), « Deux statuts du symptôme », *La Cause freudienne*, n° 38.
Guéguen (P.-G.), « Les femmes et le symptôme : le cas des postfreudiennes », *Le Symptôme-charlatan*, collectif, Paris, Éd. du Seuil, coll. « Champ Freudien », 1998, p. 129.
Hellebois (Ph.), « L'huître et le maquereau », *La Lettre mensuelle*, n° 177, avril-mai 1999, p. 50-52.
Katz (L.), « Recherche autour de la XIe Rencontre » (inédit).
Indart (J. C.) « Dos temas de psic. y una clinica », Madrid, Biblioteca Del Taller, 1997.
Laurent (E.), « Mélancolie, douleur d'exister, lâcheté morale », *Ornicar?*, n° 47, Paris, Navarin, 1988.
Laurent (E.), « Réflexions sur l'autisme », *Bulletin du Groupe Petite Enfance*, n° 10, 1997, p. 42-43.
Laurent (E.), *Los inclasificables de la clínica psicoanalítica*, Buenos Aires, ICBA-Paidos, 1999, p. 342.

Laurent (E.), « In che modo la fine dell 'analisi si deduce dall entra », *La psicoanalisi*, n° 16, p. 46-82.
Laurent (E.), « Las lógicas de la entrada en análisis », *Freudiana*, n° 15.
Laurent (E.), « L'identité freudienne de la psychanalyse », *Préliminaire*, n° 4, p. 54-55.
Laurent (E.), « Entre transferencia y repetición », cours des 11 décembre 1991, 29 janvier, 26 février et 3 juin 1992 (inédit).
Laurent (E.), V Jornadas da Seção Minas. Há algo de novo nas psicoses, setembro de 1999, Belo Horizonte, MG (inédit).
Laurent (E.), Conférence à l'EOL le 22 octobre 1999 (inédit).
Laurent (E.) et Miller (J.-A.), « L'Autre qui n'existe pas et ses comités d'éthique » (1996-1997), publié en partie.
Merlet (A.), « Trinch », *Débat du Conseil de l'ECF*, n° 14, octobre 1998.
Miller (J.-A.), « Produire le sujet ? », *La Clinique psychanalytique des psychoses*, Actes de l'École de la Cause freudienne, Montpellier, 1983, p. 50-52.
Miller (J.-A.), « C. S. T. », *Ornicar?*, n° 29, Paris, Navarin, 1984, p. 143, 144.
Miller (J.-A.), « Montré à Prémontré. Intervention de clôture du colloque de la Section Clinique », *Analytica*, n° 37, Paris, Navarin, 1984, p. 27-31.
Miller (J.-A.), *L'Expérience psychanalytique des psychoses*, Actes de l'École de la Cause freudienne, Paris, 1987.
Miller (J.-A.), *Excisión, excomunión, disolución*, Buenos Aires, Manantial, 1987, p. 9-22.
Miller (J.-A.), « Despertar », *Matemas I*, Buenos Aires, Manantial, 1987, p. 117-121.
Miller (J.-A.), *Lógicas de la vida amorosa*, Buenos Aires, Manantial, 1991.
Miller (J.-A.), « El reverso de la transferencia » (mars 1991), *Uno por uno*, n° 20/21, Buenos Aires, 1991, p. 28.
Miller (J.-A.), « Introduction à l'impossible-à-supporter. Des modalités du rejet », *La Lettre mensuelle*, n° 106, février 1992, p. 16.
Miller (J.-A.), « Para una investigación sobre el goce autoerótico », *Sujeto, goce y modernidad*, Buenos Aires, Instituto del Campo Freudiano, Atuel-TyA, 1993, p. 13-21.
Miller (J.-A.), « L'interprétation à l'envers » (1995), *La Cause freudienne*, n° 32, février 1996, p. 9-13.
Miller (J.-A.), « L'inanité sonore », *Letterina Archives*, n° 4, Publication de l'ACF-Normandie, 1996, p. 16.
Miller (J.-A.), *Matemas I*, Rio de Janeiro, Zahar, 1996, p. 73-89.
Miller (J.-A.), « Nous sommes tous ventriloques », *Filum*, n° 8/9, Publication de l'ACF-Dijon, 1996, p. 18.

BIBLIOGRAPHIE GÉNÉRALE

Miller (J.-A.), *Entonces : « Sssh... »*, Barcelone, Eolia, 1996.
Miller (J.-A.), « Intervention lors du Conciliabule d'Angers », *Le Conciliabule d'Angers*, Paris, Agalma-Éd. du Seuil, coll. « Le Paon », 1997.
Miller (J.-A.), « Sobre *Die Wege der Symptombildung* », *Freudiana*, n° 19, 1997, p. 7-56.
Miller (J.-A.), *La Conversation d'Arcachon*, collectif, Paris, Agalma-Éd. du Seuil, coll. « Le Paon », 1997, p. 176.
Miller (J.-A.), *Los signos del goce*, Buenos Aires-Barcelone-México, Paidos, 1998.
Miller (J.-A.), « Les contre-indications au traitement psychanalytique » (1998), *Mental*, n° 5, p. 9-17.
Miller (J.-A.), *El hueso de un análisis*, Buenos Aires, Tres Haches, 1998, p. 21, 24.
Miller (J.-A.), « El síntoma el cometa », *El síntoma charlatán*, Barcelone, Paidos, 1998, p. 13-26.
Miller (J.-A.), « Vers le corps portable », *Libération*, 3 juillet 1999.
Miller (J.-A.), « Ironía », *Uno por Uno*, n° 34, Barcelone, Eolia, p. 6.
Miller (J.-A.), « Clinique ironique », *La Cause freudienne*, n° 23.
Miller (J.-A.), « L'expérience du réel dans la cure analytique », *El Caldero de la Escuela*, n° 68.
Miller (J.-A.), « Come iniziano le analisi », *La Cause freudienne*, n° 29.
Miller (J.-A.), « Jacques Lacan et la voix », *Quarto*, n° 54, p. 48-52.
Miller (J.-A.), « Petite introduction aux pouvoirs de la parole », *La Lettre mensuelle*, n° 142, p. 21Ê.
Miller (J.-A.), « L'identité freudienne de la psychanalyse », *Préliminaire*, n° 4, p. 54-55.
Miller (J.-A.), cours *L'Orientation lacanienne* (inédit) : « Du symptôme au fantasme, et retour » (1982-1983), séances des 10 novembre, 8 et 10 décembre 1982, 2 février 1983 ; « Donc » (1993-1994), séance du 5 mars 1994 ; « Silet » (1994-1995), séances des 30 novembre et 7 décembre 1994 ; « La fuite du sens » (1995-1996), séance du 22 novembre 1995 ; « Le partenaire symptôme » (1997-1998), séances du 3 décembre 1997 et de mai 1998 ; « L'expérience du réel dans la cure analytique » (1998-1999), séances des 9 décembre 1998, 13 et 27 janvier, 10, 24 et 31 mars, 7 avril 1999.
Miller (J.-A.), « Éléments de biologie lacanienne », Belo Horizonte, 22-24 avril 1999 (inédit).
Miller (J.-A.), « Conversation de Bordeaux », mai 1999 (inédit).
Miller (J.-A.), *Las formaciones del inconsciente (El Seminario de lectura del Libro V de Jacques Lacan)*, ECFB, 1998.
Pellion (F.), « Malaise dans la civilisation », *Mental*, n° 3, Bruxelles, 1997.

Silvestre (M.), « Transferencia e interpretación en las psicosis : una cuestión de técnica », *Psicosis y psicoanálisis*, Buenos Aires, Manantial, 1993, p. 37.

Autres

Aznar (E.), « Le cadre : outil psychanalytique ou instrument d'aliénation ? », Symposium « Le cadre en psychanalyse », Société psychanalytique de Caracas, 1992.
Balint (A.), « Love for the Mother and Mother-love », *The International Journal of Psycho-analysis*, vol. XXX, Londres-New York, 1949, p. 251-259.
Balint (M.), « Le transfert des émotions » (1933), *Amour primaire et Technique psychanalytique*, Paris, Payot, 1972 (trad. J. Dupont, R. Gelly et S. Kadar), p. 190-203.
Balint (M.), « Early Developmental States of the Ego. Primary Object Love », *The International Journal of Psycho-analysis*, vol. XXX, Londres-New York, 1949, p. 265-273.
Balint (M.), « Changing in Therapeutical and Techniques in Psycho-analysis », *The International Journal of Psycho-analysis*, vol. XXXI, Londres-New York, 1950, p. 123-124.
Bergeret (J.), *La Dépression et les États limites*, Paris, Payot, 1975, p. 299.
Bernfeld (S.), « On Psychoanalytic Training » (10 novembre 1952), *Psychoanalytic Quarterly*, vol. 31, n° 4, New York, p. 453-482.
Bouvet (M.), *Œuvres psychanalytiques*, t. I, *La Relation d'objet*, Paris, Payot, 1967 ; t. II, *Résistances, Transfert*, Paris, Payot, 1968 (l'ensemble des travaux de Bouvet sont publiés dans ces deux volumes). Voir notamment « La cure-type » (1954), *Résistances, Transfert*, p. 9-96 ; « Importance de l'aspect homosexuel du transfert » (1948), *La Relation d'objet*, p. 21 ; et « Incidences thérapeutiques de la prise de conscience de l'envie de pénis dans la névrose obsessionnelle féminine » (1949), *ibid.*, p. 49, 50-75.
Donnet (J.-L.), « Sur l'institution psychanalytique et la durée de la séance », *Nouvelle Revue de psychanalyse*, n° 20, 1979.
Federn (P.), « La psychose maniaco-dépressive », *La Psychologie du moi et les Psychoses*, Paris, PUF, 1979, p. 286-292.
Fenichel (O.), *The Psychoanalytic Theory of Neurosis*, Londres, Routledge, 1946.
Freud (A.), « La agresión en relación al desarrollo normal y patológico », *Revista de psicoanálisis*, VII, 3, p. 450-456.

BIBLIOGRAPHIE GÉNÉRALE

Gaburri (E.), *Emozione e interpretazione*, Turin, Bollati Boringhieri, 1997.
Glover (E.), « La relation de la formation perverse au développement du sens de la réalité » (1932), *Ornicar?*, n° 43, p. 17-37.
Greenacre (P.), « General Problems of Acting Out », *Psychoanalytic Quaterly*, vol. 19, 1950.
Grosskurth (Ph.), *Melanie Klein, son monde et son œuvre*, Paris, PUF, 1989 (trad. C. Anthony).
Hartmann (H.), *Essays on Ego Psychology (Selected Problems in Psychoanalytic Theory)*, New York, International Universities Press, 1964.
Jones (E.), *La Vie et l'Œuvre de Freud*, t. II, Paris, PUF, 1961, p. 245, 281.
Kernberg (O. F.) *et al.*, *La Thérapie psychodynamique des états limites*, Paris, PUF, 1995.
Klein (M.), *Essais de psychanalyse*, Paris, Payot, 1980 : « Le développement d'un enfant » (1921), p. 29-89 ; « L'analyse des jeunes enfants » (1923), p. 110-141 (chap. I) ; « Les fondements psychologiques de l'analyse des jeunes enfant » (1926), p. 166-177 ; « Colloque sur l'analyse des enfants » (1927), p. 178-210.
Klein (M.), « La technique de l'analyse des jeunes enfants », *La Psychanalyse des enfants*, Paris, PUF, 1959.
Klein (M.), *Psychanalyse d'un enfant (Narrative of a Child Analysis)*, Paris, Tchou, 1973 (trad. M. Davidovici).
Kohut (H.), *Analyse et Guérison*, Paris, PUF, 1991.
Kohut (H.), *The Restoration of the Self*, New York, International Universities Press, 1977.
Little (M.), « Transference in Borderline States », *IJP*, n° 47, 1966, p. 476-485.
Little (M.), « Counter-transference and the Patient's Response to It », *The International Journal of Psycho-analysis*, vol. XXXII, Londres-New York, 1951, p. 32-40.
Lynn (D. L.) et Vaillant (G. E.), « Anonymat, neutralité et confidentialité dans la vraie méthode de Freud : recension de 43 cas, 1907-1939 », *The American Journal of Psychiatry*, vol. 1, n° 3, juillet 1998, p. 209.
Meltzer (D.), *Le Processus psychanalytique*, Paris, Payot, 1971.
Menninger (K. A.) et Holzman (P. S.), *Théorie de la technique psychanalytique*, Buenos Aires, Psique, 1974.
Millonschick (C. S.), *El psicoanálisis, esa conjetura. El humano suplicio de interpretar*, Buenos Aires, Paidos, 1993.
Mitchell (E.), *La Dernière Séance*, Paris, 1977.
Nacht (S.) et Lebovici (S.), « Indicaciones y contraindicaciones del psicoanálisis en el adulto » (1956), *Psicoanálisis*, Barcelone, Luis Miracle Ed., 1959, p. 45-79.

BIBLIOGRAPHIE GÉNÉRALE

Rado (S.), « Los efectos psíquicos de los intoxicantes : un intento de desarrollar una teoría psicoanalítica de los deseos morbosos », *Pharmakon*, n° 6/7, p. 71-86.

Rado (S.), *Psychoanalysis of Behavior* (1922-1956), vol. 1, New York, Grune & Stratton, 1956.

Reich (A.), « On Counter-transference », *The International Journal of Psycho-analysis*, vol. XXXII, Londres-New York, 1951, p. 31.

Reich (W.), *L'Analyse caractérielle*, Paris, Payot, 1979.

Roazen (P.), *Comment Freud analysait*, Paris, Éd. du Seuil, 1989, p. 32-33.

Rosenfeld (D.), *Estados psicoticos*, Buenos Aires, Hormè-Paidos, 1974, p. 12, 63.

Rosenfeld (H. A.), *États psychotiques : essais psychanalytiques*, Paris, PUF, 1976.

Sachs (H.), « Genèse des perversions », *La Cause freudienne*, n° 25, p. 76-84.

Savitt (R. A.), « Estudios psicoanalíticos sobre la adicción : la estructura del yo en la adicción a narcóticos » (1963), *Revista argentina de psicoanálisis*, p. 334-345.

Simmel (E.), « Psycho-analytic Treatment in a Sanatorium », *IJP*, vol. X, 1929, p. 70-89.

Winnicott (D. W.), « Early Developmental States of the Ego. Primary Object Love », *IJP*, vol. XXX, Londres-New York, 1949, p. 265-273.

Winnicott (D. W.), « I fini del trattamento psicoanalitico », *Sviluppo affettivo e ambiente*, Rome, Armando Editore, 1983, p. 213.

Winnicott (D. W.), « L'utilisation de l'objet et le mode de relation à l'objet au travers des identifications », *Jeu et Réalité. L'espace potentiel*, Paris, Gallimard, 1975, p. 121, 126, 128, 130.

Winnicott (D. W.), « Processus de maturation chez l'enfant », *Les Visées du traitement psychanalytique*, Paris, Payot, 1970, p. 133.

Winnicott (D. W.), « La haine dans le contre-transfert », *De la pédiatrie à la psychanalyse*, Paris, Payot, 1969, p. 75.

Table

Présentation, par Judith Miller   7

I. UNE QUESTION ÉTHIQUE

La séance freudienne, par Anne Lysy-Stevens   15
La fiction de la séance, par Horacio Casté   32
Contingence et régularité, par Adriana Testa   40
Melanie Klein et la technique, par Victoria Vicente.   47
Un tabou, par Carlos Dante García.   53

II. DU CÔTÉ DE L'ANALYSTE

Présence de l'analyste. Pas sans le corps…,
par Christiane Alberti.   63
La survivance de l'analyste, par Massimo Recalcati   74
Présence d'un désir, par Graciela Esperanza   81
Le désir de l'analyste, par Guillermo Cavallero   87
L'espace d'un battement, par Sergio Laïa   93

« Je me demande pourquoi... »,
par Nathalie Georges-Lambrichs 101

Le temps proprement dit, par Sergio Larriera 110

III. STRATÉGIE, TACTIQUE ET POLITIQUE DANS LA CURE

Au fil des séances, par Jacqueline Dhéret 121

La séance analytique comme symptôme,
par Ram Avraham Mandil. 127

Du nouveau, par Daniel Roy 135

D'un objet visé, par Cristina Drummond. 142

La boussole du réel, par Christine Le Boulengé 150

Rendez-vous et psychose, par Roger Cassin 158

La séance, c'est la coupure même,
par Catherine Bonningue 167

Décision d'une entrée, par Silvia Baudini 181

De la « séance nécessaire » à la contingence,
par Bruno de Halleux 190

IV. FINS DE SÉRIE

C'était la dernière séance..., par Patrick Monribot 201

Séance d'une vie, par Virginio Baïo 207

Notes 215

Bibliographie générale 235

RÉALISATION : PAO ÉDITIONS DU SEUIL
REPRODUIT ET ACHEVÉ D'IMPRIMER SUR ROTO-PAGE
PAR L'IMPRIMERIE FLOCH À MAYENNE
DÉPÔT LÉGAL : JUIN 2000. N° 41689 (48863)

Champ Freudien

Serge Leclaire, *Le Pays de l'autre*
Dominique et Gérard Miller, *Psychanalyse 6 heures 1/4*
Nicholas Wright, *Madame Klein*
Judith Miller, *Album Jacques Lacan*
Marie-Christine Hamon, *Pourquoi les femmes aiment-elles les hommes?*
Gérard Miller, *Malaise*
Collectif, *Connaissez-vous Lacan?*
Catherine Clément et Sudhir Kakar, *La Folle et le Saint*
Serge André, *L'Imposture perverse*
Michel Silvestre, *Demain la psychanalyse*
Anny Cordié, *Les cancres n'existent pas*
Collectif, *Féminité mascarade*
Alain Grosrichard, *La Structure du sérail*
Collectif, *Comment finissent les analyses*
Rosine et Robert Lefort, *Maryse devient une petite fille*
Gérard Miller, *La France des hérissons*
Paul Roazen, *Mes rencontres avec la famille de Freud*
Serge Cottet, *Freud et le Désir du psychanalyste*
Collectif, *Les Pouvoirs de la parole*
Henri Rey-Flaud, *L'Éloge du rien*
Sébastien Giudicelli, *Journal de bord d'un thérapeute*
Anny Cordié, *Malaise chez l'enseignant*
Collectif, *Le Symptôme-charlatan*
Helene Deutsch, *Les Introuvables*